VENDENDO A AMIGOS
PROTEGENDO O FUTURO DO EMPREENDIMENTO

OBRA ATUALIZADA CONFORME
O NOVO ACORDO ORTOGRÁFICO
DA LÍNGUA PORTUGUESA.

Dados Internacionais de Catalogação na Publicação (CIP)
(Câmara Brasileira do Livro, SP, Brasil)

Gonçalves, Carlos Icarahy
Vendendo a amigos : protegendo o futuro do empreendimento / Carlos Icarahy Gonçalves. — 5ª ed. — São Paulo : Editora Senac São Paulo, 2011.

Bibliografia
ISBN 978-85-7359-779-0

1. Clientes — Contatos 2. Clientes — Satisfação 3. Relações interpessoais 4. Vendas e vendedores I. Título.

01-4160   CDD-658.812

Índices para catálogo sistemático:
1. Clientes : Relações em vendas : Administração de
    marketing   658.812
2. Vendas : Relações com o cliente : Administração de
    marketing   658.812

CARLOS ICARAHY GONÇALVES

VENDENDO A AMIGOS
PROTEGENDO O FUTURO DO EMPREENDIMENTO

5ª EDIÇÃO

Editora Senac São Paulo – São Paulo – 2011

ADMINISTRAÇÃO REGIONAL DO SENAC NO ESTADO DE SÃO PAULO
Presidente do Conselho Regional: Abram Szajman
Diretor do Departamento Regional: Luiz Francisco de A. Salgado
Superintendente Universitário e de Desenvolvimento: Luiz Carlos Dourado

EDITORA SENAC SÃO PAULO
Conselho Editorial: Luiz Francisco de A. Salgado
　　　　　　　　　　Luiz Carlos Dourado
　　　　　　　　　　Darcio Sayad Maia
　　　　　　　　　　Lucila Mara Sbrana Sciotti
　　　　　　　　　　Jeane Passos de Souza

Gerente/Publisher: Jeane Passos de Souza (jpassos@sp.senac.br)
Coordenação Editorial: Márcia Cavalheiro Rodrigues de Almeida (mcavalhe@sp.senac.br)
Comercial: Marcelo Nogueira da Silva (marcelo.nsilva@sp.senac.br)
Administrativo: Luis Americo Tousi Botelho (luis.tbotelho@sp.senac.br)

Preparação de Texto: Fátima Carvalho
Revisão de Texto: Ivone P. B. Groenitz, Luiza Elena Luchini, Luiz Guasco
Projeto Gráfico e Editoração Eletrônica: RW3 Design
Impressão e Acabamento: Graphium Gráfica e Editora Ltda.

Proibida a reprodução sem autorização expressa.
Todos os direitos desta edição reservados à
Editora Senac São Paulo
Rua 24 de Maio, 208 – 3º andar – Centro – CEP 01041-000
Caixa Postal 1120 – CEP 01032-970 – São Paulo – SP
Tel. (11) 2187-4450 – Fax (11) 2187-4486
E-mail: editora@sp.senac.br
Home page: http://www.editorasenacsp.com.br

© Carlos Icarahy Rosa Gonçalves, 2001

Sumário

7 | *Nota do editor*

9 | *Apresentação*

13 | *Linha de frente*

53 | *Assistência ao cliente*

97 | *Índice geral*

Nota do editor

Muito já se estudou e debateu sobre os processos de venda e fidelização do cliente. Novas técnicas surgem e pretendem aprimorar as anteriores. Carlos Icarahy Gonçalves soube, com muito bom senso, filtrar todas essas novas tendências e aliá-las à preciosa experiência obtida nos mais de quarenta anos de atividade, reunindo nesta obra tudo o que aprendeu em cursos e na atuação em campo.

Fruto de estudos, cursos ligados a vendas, finanças e administração empresarial, este livro teve suas origens em um programa de treinamento de vendas e, ao longo do tempo, incorporou as mudanças positivas que foram se delineando.

O Senac São Paulo publica este livro com a certeza de estar contribuindo para o aprimoramento desses profissionais do comércio.

Apresentação

Vendendo a amigos dá continuidade ao livro *De vendedor para vendedor*, em que são descritas as etapas de vendas, em resposta à pergunta *como* vender.

As etapas de vendas representam o fundamento do encaminhamento psicológico de vendas, e é importante reafirmar que os conceitos apresentados são aplicáveis à venda de qualquer ideia, produto ou serviço.

Na primeira parte deste livro trocaremos ideias sobre a maneira pela qual os integrantes da LINHA DE FRENTE (quem vende) devem conduzir o relacionamento com o cliente, objetivando oferecer o máximo de satisfação àqueles que nos distinguem com sua preferência.

Na segunda parte, ASSISTÊNCIA AO CLIENTE (a quem se vende), vamos abordar o delicado procedimento que devemos adotar para garantir a permanência do cliente como cliente, suas implicações internas e, acima de tudo, o envolvimento de toda a organização em torno de um objetivo filosófico (e econômico) comum.

Este material começou a ser desenvolvido originalmente como parte do programa de treinamento de vendas para a Anderson-Clayton em 1969, quando foi apostilado e apoiado em transparências. Desde então, vem sendo corrigido e ampliado, bem como adaptado aos tempos modernos.

As alterações que ocorreram na área tecnológica e nas técnicas de comunicação modificaram uma enorme quantidade de conceitos que fundamentaram a infância e a juventude da maioria das pessoas da geração atual.

Alguns conceitos, porém, não sofreram nem sofrerão modificações, pois eles formam a base do relacionamento humano, e, como tais, são imutáveis. E são esses conceitos imutáveis que abordaremos aqui.

SÓ VENDEMOS A AMIGOS,
POIS OS INIMIGOS INSISTEM
EM NÃO ENTRAR AQUI.

Linha de frente

**QUALQUER UM QUE PENSE QUE O CLIENTE
NÃO É ASSIM TÃO IMPORTANTE,
QUE TENTE SE VIRAR SEM ELE POR UNS NOVENTA DIAS.**

Pergunta técnica: Linha de frente é linha de ataque ou linha de defesa?

A LINHA DE FRENTE é composta por todos os funcionários que, direta ou indiretamente, travam contato com o cliente; portanto, são os que "atacam" e os que "defendem".

Os que atacam são os manobristas, porteiros, recepcionistas, vendedores, balconistas, caixas, telefonistas, etc. Esses fazem contato DIRETO e são os responsáveis pela satisfação do cliente.

Um pouco mais afastadas, mas também com muita responsabilidade, estão as pessoas que mantêm contato INDIRETO com o cliente. São os que defendem.

Esse grupo compreende os funcionários da contabilidade, do almoxarifado, da oficina, do depósito, da faxina, enfim, todos os demais funcionários, desde o pessoal da diretoria até o guarda da noite, inclusive prestadores de serviços terceirizados.

Não pense que é exagero; defendemos o ponto de vista de que todos trabalham em função do cliente.

Uma fatura mal calculada, um conserto malfeito, um pacote mal embrulhado, um banheiro malcheiroso, ou a grosseria e a má-educação do guarda da noite quando o cliente que telefona para saber o horário de funcionamento da loja, qualquer desses acidentes tem um efeito tão nocivo quanto o mau procedimento de um atendente.

No início desse trabalho mencionamos que "só vendemos a amigos, pois os inimigos insistem em não entrar aqui".

Quem conquistou os amigos que continuam entrando, e quem gerou os inimigos que não entram mais aqui?

Os conquistadores de amigos são todos os funcionários da empresa que estão imbuídos dos mesmos conceitos básicos ligados à ampla satisfação do cliente e de suas necessidades fundamentais. São os que constroem o conceito de **FIDELIZAÇÃO**.

Os geradores de inimigos são aquelas pessoas que seguem princípios rígidos e imutáveis, que não admitem qualquer modernização nas normas que eram válidas dezenas de anos atrás.

Essas pessoas estão mais preocupadas com seus problemas e com a manutenção do engessamento de suas atitudes do que com os problemas dos clientes.

É o Dom Casmurro moderno, que só se preocupa em seguir a rotina, cumprir horário, criticar as atitudes e procedimentos dos outros e informar que isso ou aquilo não é possível ou não é assim.

Ensinar, jamais, e sorrir por simpatia, nem pensar, pois, para ele, isso é sinal de fraqueza!

Sorrir, só se for do erro de algum colega. Participar do sucesso, talvez, desde que não o comprometa futuramente. Compartilhar do erro, jamais, mesmo porque raramente se compromete ou toma decisões que envolvam risco; assim, ele não erra nunca.

Esse tipo de pessoa, que existe em quase todas as empresas, esquece-se de um princípio básico:

O ACERTO É RESULTADO DE UMA SÉRIE DE ERROS ANTERIORES QUE FORAM CORRIGIDOS.

O medo de errar acontece porque as pessoas confundem erro com fracasso.

Errar é perder o combate; fracassar é perder a guerra.

Vale aqui uma citação histórica ligada à Primeira Guerra Mundial, quando a França derrotou a Alemanha.

Um repórter perguntou ao comandante francês, marechal Foch: "Marechal, quem ganhou a guerra?"

E ele respondeu:

"Quem ganhou foi a França, mas se tivéssemos perdido teria sido culpa do marechal Foch".

Todos querem fazer parte do sucesso, mas poucos se predispõem a assumir a participação no insucesso.

É conveniente insistir no seguinte ponto: o bom relacionamento com o cliente é *construído* com muito *respeito, dedicação, simpatia* e *empatia*, transformando o mero contato comercial em um laço de amizade muito mais profundo, capaz de gerar *fidelidade*, e, acima de tudo, fixar a imagem de bom atendimento.

ESSE PROCESSO É INFINITO.

Mas não devemos imaginar que o cliente conquistado nunca vai nos abandonar, pois a fidelidade do cliente é como a confiança: muito fugaz.

A confiança leva uma vida inteira para ser adquirida, e um segundo para ser perdida.

Você confia em uma pessoa amiga por dezenas e dezenas de anos, e parece que a amizade mútua é inabalável. Até que essa pessoa comete um deslize com você. Você se sente traído, e a amizade "vai pro brejo".

Com o cliente é a mesma coisa. Você está sempre caminhando no fio da navalha. Qualquer atitude ou procedimento que desagrade ao cliente ou o prejudique coloca em risco tudo que foi construído anteriormente.

Manter clientes satisfeitos exige treinamento adequado. Lembre-se:

TREINAR É SEGUIR UM MÉTODO

que tenha apresentado os resultados pretendidos, ou seja, onde o que as pessoas *aprenderam* tenha sido tanto quanto aquilo que lhes *ensinaram*.

Complicado?

Nem tanto. Qualquer um de nós já assistiu a palestras ou a cursos que se propunham a tratar de assuntos de nosso interesse, mas fomos surpreendidos por teorias complicadas ou matérias sem nenhum sentido prático ou operacional, não exequíveis.

Tentaram nos ensinar algo que não conseguimos aprender.

O treinamento da linha de frente precisa cobrir duas áreas fundamentais.

A primeira é técnica, ou mecânica, e é responsável pelo funcionamento dos sistemas.

Aí se incluem computadores que funcionam e são manuseados corretamente, instruções cumpridas sem desgastes desnecessários, assim como rotinas de operação que fluam sem que o atendente tenha que pedir, chamar, gritar, implorar ou ajoelhar para que aconteçam.

A segunda área de treinamento dos integrantes da linha de frente é dirigida à plena satisfação do cliente, grande responsável pelo futuro do negócio.

Esta é a área à qual vamos dedicar maior atenção, considerando que AS PESSOAS FAZEM A DIFERENÇA.

O primeiro e mais importante conceito que precisa ser definido é: *lucro não é problema só do patrão. É problema de todos.*

É tão grande a importância que atribuímos a esse aspecto que temos sempre recomendado que o departamento de recursos humanos se aprofunde em suas entrevistas para avaliar a tendência dos candidatos, a fim de eliminar aqueles sobre os quais paire qualquer dúvida sobre o conceito de lucratividade.

Não importa tanto qual seja a "missão" da empresa, e quão bonitos sejam seus objetivos filosóficos. O que importa mesmo é que ela seja saudável, e para que isso aconteça ela precisa ser lucrativa, sustentar-se com suas próprias pernas e ter fôlego para prosperar.

É aí que entra o pensamento positivo e a ação positiva de todos, desde o faxineiro até o presidente.

A linha de frente é conceitualmente prestadora de serviços, e os atendentes são responsáveis por "iniciar o giro da roda".

De acordo com o muito bem colocado ponto de vista de Júlio Lobos,

> pessoas propensas a se desincumbir bem em serviços devem possuir: 1. alta maturidade e auto-estima; 2. habilidades sociais acima da média; 3. tolerância beneditina. Tudo isso *dificilmente se aprende*.

Cabe então recrutar e contratar pessoas que tenham *nascido* com estas características.[1]

Serviço é exemplo, e o treinamento é feito de exemplos; a participação das chefias representa um comprometimento com os objetivos da empresa; a omissão representa um obstáculo.

Serviço também é cultura empresarial. Serviço com qualidade inferior, da mesma forma que serviço com qualidade superior, começa pelo topo.

ALGUMAS CONSIDERAÇÕES SOBRE A GERAÇÃO Y

A conscientização da evolução humana deve ser uma das principais preocupações de quem administra a linha de frente, pois o cliente moderno vive conceitos diferentes, dependendo de sua idade e participação no mercado.

GERAÇÃO Y é uma maneira moderna de expressar um fato que acompanha a humanidade desde os mais tenros momentos conhecidos.

Na *Bíblia*, uma das citações evoca a insatisfação de Adão e Eva em face da determinação de Deus de não provarem o fruto da árvore proibida – fato que gerou o grande desafio que nos acompanha desde então.

Somos movidos por três estímulos muito fortes.

O primeiro é a CURIOSIDADE, o segundo, o DESAFIO e o terceiro, a IMAGINAÇÃO.

---

[1] Júlio Lobos, *Encantando o cliente* (São Paulo: Hamburg, 1993), p. 44.

Esses três estímulos aparecem novamente na *Bíblia* quando o evangelista Lucas relata a parábola do filho pródigo.

Nos dois episódios mencionados (existem muitos outros no mesmo livro), o DESAFIO foi lançado. Adão e Eva não podiam tocar na árvore, e o filho pródigo tinha de viver segundo as normas e os costumes aceitos na época.

O DESAFIO: Por quê? A CURIOSIDADE: O que há do outro lado? Já a IMAGINAÇÃO se encarregava de criar coisas mirabolantes que "precisavam" ser descobertas.

Durante milênios os filhos sucederam os pais em suas atividades profissionais. Jesus era marceneiro, como seu pai José. O filho do mercador seguia os passos de seu pai, e isso era o que se esperava de todo bom filho, sem discussão sobre o assunto.

Mas os tempos mudaram, e muito, a partir do momento em que um novo padrão de cultura se firmou.

A evolução dos costumes ocorrida a partir da Segunda Guerra Mundial alterou radicalmente os padrões de comportamento das pessoas, que passaram a assumir atitudes mais personalizadas, começando a se libertar das regras e normas que disciplinavam o comportamento humano. No campo profissional, até então "o chefe" era autoritário e déspota, e sua instrução não permitia interpretações ou opiniões divergentes. Ele era o dono da verdade.

A GERAÇÃO anterior à Segunda Guerra Mundial, identificada como TRADICIONAL, durou até 1945.

A GERAÇÃO seguinte, identificada como *BABY-BOOMERS* e também conhecida como GERAÇÃO W, surgiu entre 1946 e 1964, e era identificada principalmente por sua relação de amor e ódio com os superiores e com os pais. Qualquer afirmação destes era contestada.

A GERAÇÃO X, cuja época áurea foi de 1965 a 1983, esteve sempre preocupada com fatores como QUALIDADE DE VIDA, LIBERDADE NO TRABALHO e RELACIONAMENTO INTERPESSOAL, abrindo caminho para uma vida sem laços permanentes nem compromissos imutáveis, isso tanto nos aspectos pessoais como nos profissionais.

"VESTIR A CAMISA" passou a ser uma expressão obsoleta e descabida, pois o conceito mais importante passou a ser o da SATISFAÇÃO PESSOAL.

Note-se que a indicação das datas mencionadas anteriormente não significa uma posição estanque, mas apenas o momento em que os novos conceitos passaram a influir decisivamente. Durante todo o processo, as gerações se entrelaçaram e se complementaram, numa evolução suave.

Finalmente, após 1983, surgiu a GERAÇÃO Y, com características extremamente marcantes relacionadas à forte influência que os modernos meios de comunicação exerceram sobre ela.

A TV aberta, com grande disponibilidade de canais, seguida pela TV por assinatura, onde os temas são livres de censura, ampliou o leque de comunicações.

A evolução do computador *desktop*, de máquina misteriosa e complicada ao *laptop*, companheiro do dia a dia, com acesso à *web* e a suas milhares de páginas de conhecimento generalizado, abriu um novo horizonte.

Essas ferramentas foram potencializadas pelo celular moderno, que evoluiu de simples telefone para máquina multifuncional, complemento natural do computador e atual companheiro inseparável de todas as pessoas.

O perfil da GERAÇÃO Y é o de ser curiosa, disposta a se expor a tentativas e erros, capaz de improvisar sem receio de críticas, ser impaciente e buscar resultados e soluções a curto prazo, ansiosa por novas tecnologias, desejando ter voz ativa nas decisões e com um conceito de hierarquia onde os pais e superiores permitem-lhes a liberdade de PARCEIROS, e não o vínculo de subordinados ou dependentes. Conceitualmente, podem ser considerados como INDISCIPLINÁVEIS; tão dinâmicos, ágeis e potentes quanto um carro de Fórmula 1.

O Y é capaz de participar de uma reunião e ao mesmo tempo desenhar em um papel, de ouvir música enquanto redige um contrato, de ler e ainda assim dar palpite na conversa dos outros, enfim, de cuidar de várias atividades simultâneas não conflitantes.

Adicionalmente, procura informação fácil e imediata, prefere computadores a livros, está sempre conectado, digita em vez de escrever, prefere *e-mails* a cartas, vive em redes de relacionamento e compartilha tudo o que é seu – fotos, dados e hábitos. Influi sobre seus companheiros e é influenciado por eles.

Não se vincula a uma empresa ou atividade, pois precisa constantemente de novos desafios, e tem muita pressa em galgar novas posições. Seu limite de tempo em uma mesma função nunca é maior do que três anos. Se não subir ou for desafiado por novas tarefas, procura outra empresa ou outra posição.

O desafio do líder tradicional é aprender a lidar com esse desafio.

Esqueça os velhos conceitos de hierarquia. Antiguidade e posição têm pouco significado, pois, em seu conceito, "somos todos iguais". O Y respeita uma opinião baseada em experiência que possa ser explicada com lógica e nitidez, jamais imposta. E vai tentar comprovar o que lhe foi explicado, não "engole" qualquer coisa.

O líder oriundo das gerações anteriores precisa se modernizar para continuar liderando o grupo sob sua batuta. Ele não comanda mais um grupo, mas sim uma orquestra onde todos os instrumentos têm seus valores reconhecidos.

O caminho é uma liderança generosa e aberta a novas ideias, que permita participação.

Possibilidade de carreira nítida e liberdade para troca de ideias é a linha de ação a ser seguida, pois quanto mais o Y se sentir parte das decisões, maior será sua felicidade, produtividade e dedicação.

Em futuro próximo estaremos lidando com a GERAÇÃO Z, multifuncional e inquieta, constantemente pensando em mudar o mundo.

A seguinte será a GERAÇÃO ALPHA, que vai objetivar um mundo totalmente conectado.

A velocidade de evolução das gerações é cada vez maior. Da primeira para a segunda, transcorreram vários séculos. Já o intervalo entre as últimas surgidas é menor que uma década.

Uma atividade empresarial normalmente é composta por três grandes "avenidas":

PRODUÇÃO — COMERCIALIZAÇÃO — CONTROLE

Dependendo do tamanho da empresa, cada uma delas pode ser representada por uma ou várias pessoas, ou até por uma autêntica pirâmide organizacional com muitas ramificações.

PRODUÇÃO é a geração ou obtenção dos produtos, bens ou serviços comercializados.

CONTROLE compreende todas as atividades administrativas e operacionais necessárias para o bom desempenho econômico-financeiro do empreendimento.

COMERCIALIZAÇÃO é a transferência dos produtos, bens ou serviços para outros interessados, com a conveniente retribuição financeira, incluindo aí a lucratividade.

Comercialização, ou relacionamento comercial, é o nosso assunto.

A atuação da linha de frente é muito mais nítida quando se avalia o trabalho em loja aberta ao público.

Isso, no entanto, não significa que uma empresa cujos vendedores visitem seus clientes no campo (vendas externas) não tenha uma linha de frente. Afinal, existem várias maneiras de conduzir os contatos.

O PRIMEIRO CONTATO

O primeiro contato é o momento em que o cliente se aproxima fisicamente de nós. Ele pode ter sido atraído pela mensagem de *marketing*, pela exposição dos produtos ou por sua fidelidade ao estabelecimento.

Não importa muito considerar nesse momento qual dessas ou qual outra ferramenta de *marketing* atraiu o cliente, mas sim que ele está permeável ao nosso apelo; caso contrário não estaria aqui.

A verdade é que, após ter sido ATRAÍDO, ele precisa ser CONQUISTADO.

CONQUISTAR o cliente é um processo parecido com o de sedução. Quando você se interessa por alguém, procura usar o primeiro contato para causar-lhe uma boa primeira impressão.

A recepção ao cliente de forma rápida, cordial e simpática é a maneira de iniciar a conquista, e a linha de frente é a responsável por essa recepção, cujo tamanho e sofisticação, como dissemos, dependem do estabelecimento.

Ela pode ser composta por uma única pessoa, ou por um grande grupo de funcionários, incluindo o responsável pelo estacionamento, o manobrista, o porteiro, a recepcionista, o vendedor, o caixa e o entregador, sem esquecer que o cliente deve receber o mesmo tratamento cordial tanto na chegada como na saída (mesmo que não tenha comprado nada), para que tenha vontade e motivação para voltar.

Pense um pouquinho: quando você entra em um estabelecimento e não é percebido, fica levemente desconfiado; se precisar procurar alguém para o atender, começa a ficar irritado; se não conseguir que alguém o atenda, fica profundamente aborrecido; se não for "fisgado" dentro de determinado tempo, você vai embora, e, se puder, nunca mais volta lá.

Trata-se de uma autêntica inversão de valores; a maioria dos magazines e grandes lojas possui dispositivos eletrônicos, além de fiscais que circulam pelo estabelecimento para coibir o furto; no entanto, não têm nenhum sistema para alertar os atendentes de que um novo cliente entrou na loja e ainda não foi atendido por ninguém.

Pergunta técnica: onde está a verdadeira perda de lucratividade? No custo do sistema de segurança mais o valor das calcinhas furtadas, ou no cliente que poderia ter gastado R$ 300,00 hoje, repetindo compras em muitas ocasiões futuras, caso tivesse sido fidelizado?

Não cometa o vexame de perguntar a alguém se isso já aconteceu com ele. Lembre-se apenas de suas próprias experiências pessoais tentando comprar alguma coisa.

Seja rápido ao abordar o cliente e mantenha a cordialidade e a simpatia quando colocar-se à disposição dele; use a famosa e consagrada fórmula: "Bom dia. Eu sou João. Posso ajudá-lo?".

Permita ao cliente, porém, circular um pouco pelo estabelecimento para familiarizar-se com "a temperatura da água da piscina", e, ao aproximar-se novamente, não o pressione para comprar. Não force nada, nem o aperto de mão. Deixe que o cliente tome as iniciativas.

Mantenha-se a uma distância razoável, suficientemente perto para ser chamado, e tão distante que não seja obrigado a ouvir os comentários do cliente, caso ele esteja acompanhado.

Seja em um magazine, no *showroom* da revendedora de veículos ou no balcão da livraria, mantenha-se alerta, mas sem interferir no espaço vital do cliente.

Se estamos em um magazine, na área de eletroeletrônicos, por exemplo, deixe-o avaliar as diferentes opções disponíveis.

Se for em uma loja de veículos, permita que ele circule ao redor do carro, abra as portas, sente ao volante, sinta a maciez do estofamento e a visibilidade dos instrumentos, observe as linhas, enfim, permita-lhe avaliar o produto que está observando. Ele deve saber que você está por perto e disponível para atendê-lo.

Permaneça vigilante e atento à sua chamada, e acima de tudo considere que, na maioria dos casos, a decisão de comprar já está tomada, e as perguntas do cliente, além do objetivo de esclarecer alguma dúvida legítima, representarão principalmente o reforço de que ele necessita para justificar a decisão de compra.

Nesse momento, ter um bom conhecimento de psicologia de vendas é fundamental para que você possa diferençar as dúvidas verdadeiras da necessidade de reforço psicológico.

Você trabalha em um estabelecimento aberto ao público, cheio de produtos, de boas intenções, de vontade de vender e de necessidade de faturar para manter o fluxo de caixa. Não pode, portanto, se dar ao luxo de deixar escapar o tal cliente que gastaria R$ 300,00 ou qualquer outro.

A linha de frente precisa manter em alto padrão as características básicas abordadas por Júlio Lobos.[2]

O autor aprofunda sua análise, avaliando as opiniões dos componentes da linha de frente, de seus chefes e de seus clientes, em um trabalho que serve de orientação segura para psicólogos, treinadores e administradores.

De nossa parte, cabe apenas comentar os respectivos tópicos, acrescentando alguns itens que consideramos importantes para um perfeito desempenho profissional.

DISPOSIÇÃO PARA SERVIR

Uma das afirmações rotarianas diz que: "Quem não vive para servir, não serve para viver".

Isso se encaixa como uma luva no setor de vendas, se fizermos uma pequena alteração: "Quem não vive para servir, não serve para vender".

O ideal de serviço pressupõe algumas características fundamentais. Vamos aqui discutir algumas delas.

Prestabilidade. Uma pessoa prestativa está sempre disposta a colaborar com seus semelhantes, sejam eles clientes ou colegas. Ser prestativo (não confunda com atitude servil, próxima da bajulação) é uma das famosas atitudes-pêndulo, isto é, você recebe na mesma moeda em que deu.

O ambiente positivo que essa atitude gera entre colegas é altamente contagiante, o que cria um clima favorável no grupo, fato sempre percebido pelos clientes.

---

[2] Júlio Lobos, *O cliente encantado* (São Paulo: Hamburg, 1995), baseado em Jaclyn R. Jeffrey, "Preparing the Front Line", em *Quality Progress*, fev. 1995, pp. 79-82.

Atente para o seguinte trinômio:

INSTRUÇÃO – CULTURA – EDUCAÇÃO

Esses são fatores vitais para a turma da linha de frente, principalmente para os vendedores.

INSTRUÇÃO é o que se aprende na escola, nos cursos e seminários, nas leituras especializadas, etc.

CULTURA é o que você acrescenta ao longo de sua vivência, lendo livros, revistas, jornais, mantendo-se atualizado e formando sua própria opinião sobre as coisas.

EDUCAÇÃO é o que se aprende em casa, na infância e ao longo da vida. Dizer "por favor", "muito obrigado", "com licença" faz parte do espírito prestativo e também da boa educação. Tratar as pessoas com civilidade e respeito, cumprimentá-las quando as encontra, pedir notícias sobre os conhecidos, conversar sobre assuntos variados, enfim, ser agradável.

Atenção. Manter-se atento e "ligado" faz parte da disposição para servir. Nada mais desagradável do que tentar captar a atenção de uma pessoa que está sempre desligada e ausente.

A conquista e a manutenção da atenção é uma fase permanente em uma entrevista de vendas.

Assim como você precisa manter o cliente "ligado" em você, da mesma forma e com a mesma intensidade é necessário manter-se atento a tudo que ele estiver lhe dizendo, mostrando, perguntando.

Otimismo. É outra característica fundamental para quem precisa se manter em contato com o público.

Concentre-se nas notícias positivas dos jornais e da televisão – elas sempre são minoria, pois jornalismo é a divulgação dos problemas e do caos, e é isso que vende.

Você deve tomar conhecimento de tudo, pois o importante é manter-se bem informado.

Acima de tudo, não se deixe contaminar pelos catastrofistas.

Evite contato prolongado com pessoas amarguradas, que estão sempre se queixando da vida e do mundo, pois isso contamina mais do que gripe.

Recuperando o otimismo. Algumas vezes sentimos uma queda em nosso padrão de otimismo. Se isso ocorrer, olhe para trás, veja tudo o que você conseguiu realizar nos últimos anos e reaja à tendência de manter muito viva a lembrança de algum insucesso recente.

Você deve ter várias razões para se orgulhar de seus sucessos passados, que devem servir de guia para suas novas realizações. Você sabe que poderá ir além deles; portanto, mantenha-se motivado. Eles servem muito bem para temperar e valorizar os sucessos atuais.

Acostume-se a dar BOM DIA para aquela figura que o olha no espelho, de manhã, quando você vai ao banheiro. Aquela figura o acompanha desde que você nasceu, e o acompanhará até o último dia de sua vida. Então, o melhor é começar a gostar dela.

É bom lembrar que nossa tendência é de
NOS PREOCUPARMOS COM NOSSAS DEFICIÊNCIAS E NÃO EM VALORIZARMOS NOSSAS QUALIDADES POSITIVAS.
INVERTA O FOCO.
(OCOF O ATREVNI)

Motivação e otimismo são sentimentos que se autorreforçam e que precisam ser mantidos em níveis elevados, pois se constituem na energia que alimenta o brilho de nossa estrela.

MANTER UMA IMAGEM PROFISSIONAL

Você tem apenas uma chance de causar uma boa primeira impressão. A imagem profissional deve estar refletida na postura, na apresentação pessoal – higiene pessoal e limpeza do seu local de trabalho – e na adequação dos trajes ao ambiente. A atitude deve refletir o respeito pelo ambiente e pelo cliente. Nada de estar atirado em um sofá, ou debruçado em um balcão; mantenha-se em posição de atendimento.

A apresentação pessoal inclui roupas e sapatos limpos e de boa qualidade, cabelos e unhas arrumados, além de maquiagem discreta e elegante, no caso das mulheres.

Olhe-se em um espelho grande, e responda à pergunta:

"Eu gostaria que a minha foto aparecesse no jornal de amanhã, do jeito como estou me apresentando?". Se a resposta for não, está tudo errado.

Quanto à sua higiene pessoal, sempre é bom contar com a ajuda de uma pessoa muito íntima para lhe alertar sobre problemas de hálito e transpiração, pois podem passar despercebidos para você.

A limpeza do local onde você trabalha não é obrigação única do patrão, mas sua também. Se você vive em um ambiente desleixado, provavelmente também é desleixado.

O vestuário deve ser compatível com o ambiente de trabalho: um vendedor em uma loja de produtos aquáticos ou de material esportivo não irá se apresentar usando uma roupa social e formal.

PRATICAR ESCUTA ATIVA

Quando estudamos técnicas de vendas aprendemos a obter e a manter a atenção do cliente. No entanto, é necessário também prestar atenção ao que o cliente diz e pergunta, pois não basta estar na frente do cliente enquanto ele está falando.

Quando está vendendo, você precisa que o cliente mantenha a ATENÇÃO em sua argumentação. Quando o cliente está falando, você também precisa manter-se ATENTO ao que ele lhe está transmitindo. Lembre-se de que as afirmações dele podem embutir objeções disfarçadas que poderão complicar o fechamento do negócio; por isso é importante interpretar corretamente o que ele está querendo dizer e eliminar imediatamente qualquer ponto obscuro que se apresente.

Em caso de dúvida, é melhor aprofundar o assunto para amaciar o caminho futuro. Afinal, quando a objeção surgir lá na frente, você poderá lembrar que o assunto já foi discutido antes e que a solução era...

COMUNICAR-SE BEM

Mantenha um diálogo inteligente e claro. Lembre-se de que as pessoas compram não pelo que VOCÊ DISSE, MAS PELO QUE ELAS ENTENDERAM DO QUE VOCÊ DISSE.

Fale de maneira clara e pausada, use palavras simples e pequenas e pronuncie-as por inteiro. Afinal, você não é um papagaio.

Mas não seja monótono. Seu diálogo precisa ser agradável e interessante, sem se desviar do assunto em foco, principalmente se a pessoa estiver expressando pensamentos que podem representar objeções ou razões para não comprar.

Não esqueça que, assim como existem objeções falsas e verdadeiras, também existem necessidades falsas e verdadeiras.

Dirija a entrevista fazendo perguntas que permitam identificar as verdadeiras necessidades do cliente, para poder formular a ele a melhor proposta possível.

EMPATIA (COLOCAR-SE NO LUGAR DO CLIENTE)

Empatia é a capacidade de interpretar corretamente os sentimentos e pensamentos expressos por outra pessoa.

É a capacidade de colocar-se mentalmente na posição do interlocutor, avaliar seu ponto de vista *de seu ponto de vista* e sentir o mesmo problema que ele está focando.

Mas, como diz o ditado, "cada cabeça uma sentença". Mesmo sendo muito importante respeitar o ponto de vista de seu interlocutor, isso não implica necessariamente concordar com suas afirmações, mas apenas entender sua linha de raciocínio.

Na área imobiliária, por exemplo, empatia é fundamental. Em primeiro lugar, o corretor de imóveis usados precisa conhecer muito bem o mercado em que trabalha.

O ideal é que ele consiga visitar a família e a atual residência do potencial comprador, para ter uma ideia correta dos móveis, dos equipamentos, do tamanho da família e de suas necessidades específicas. Se isso não for possível, deve perguntar o máximo que puder.

Entrevistar a família é muito útil para ter uma ideia mais clara não só de suas necessidades, mas também dos pontos indesejados, como andar alto ou baixo, rua movimentada, proximidade de abastecimento, escolas, praças, igrejas, feira-livre; é importante também informar-se sobre o sexo e a idade dos filhos, quantidade de veículos atuais e futuros, enfim, obter uma fotografia completa da família no momento atual e de suas perspectivas para os próximos anos. À medida que se inteira detalhadamente sobre seu cliente potencial e identifica suas expectativas, o corretor pode ir realizando mentalmente a seleção dos imóveis mais adequados, dentro do estoque da imobiliária.

Um bom político deveria ser o exemplo típico da capacidade de empatia, pois ele precisa imbuir-se dos problemas de seus eleitores para defendê-los com propriedade.

Uma pessoa com boa capacidade de empatia consegue manter um diálogo com interlocutores diferentes, sem conflitar. Uma grande capacidade de empatia caracteriza o mediador típico.

SER RÁPIDO DE RACIOCÍNIO

Os integrantes da linha de frente devem dispor de grande agilidade mental para conseguir absorver rapidamente uma mudança de rumo na negociação.

Uma pessoa que se aproxima pode querer apenas uma informação; ou ser o portador de uma enorme reclamação; ou, ainda, ser um cliente em potencial.

Você não sabe qual dos três personagens está se aproximando, mas precisa estar preparado psicologicamente para receber qualquer um deles.

E você só dispõe de uma fração de segundos. Dos três, o mais frequente e importante é o cliente; portanto, prepare-se para recebê-lo como um cliente, com civilidade e simpatia, e com a melhor disposição para servi-lo bem.

Se a pessoa quiser apenas uma informação, sem dúvida ficará impressionada com sua educação e gentileza, e terá gostado de perguntar a você, e não a alguém na banca de jornais.

Provavelmente comentará com um amigo ou com a esposa sobre esse atendimento diferenciado e, se tiver necessidade de adquirir alguma coisa que seja da linha da loja, certamente voltará, "pois eles são muito atenciosos".

É assim que começa o processo de FIDELIZAÇÃO.

Se a pessoa for a portadora de uma reclamação, ela virá preparada para bater forte e ser tratada da mesma forma, imaginando que vai precisar brigar muito desde o primeiro momento.

Se assim ocorrer, terá se realizado a PROFECIA AUTOEXECUTANTE. Ela mandou o recado mental para você reagir com rispidez, e você agiu de acordo com a expectativa dela.

Na profecia autoexecutante, a pessoa imagina que seu interlocutor irá reagir fortemente, e se antecipa ao agir de forma agressiva, batendo mais forte do que esperaria que você batesse.

No entanto, como você o recebe com simpatia, a estratégia dele começa a desmontar. Já que você não bate de volta, e até permite que ele exponha todo o problema (ouça até o fim), a reclamação dele começa a perder peso. Isso não significa que a reclamação não seja válida, mas apenas que não chega a ser motivo para a Terceira Guerra Mundial.

Ouvir é importante para que você consiga tempo para concatenar as ideias, pois você só fica sabendo o teor do assunto no momento em que o cliente expõe seu pensamento.

Portanto, receba todas as pessoas como clientes em potencial. Você só vai realmente saber a diferença quando ele disser o que deseja.

Como todo mundo é cliente em potencial de todo mundo, sua atitude sempre vai estar correta.

Recomendação importante:

> FALE DEVAGAR, MAS PENSE DEPRESSA.

RESOLVER PROBLEMAS

A linha de frente precisa ter personalidade e autonomia para solucionar problemas de rotina.

O conceito de rotina varia de empresa para empresa, e deve ser estabelecido de acordo com o volume de recursos envolvido em cada solução ou decisão.

São comuns, por exemplo, as atitudes de *recall* por parte de indústrias automobilísticas, quando algum componente de determinado modelo apresenta defeito técnico e precisa de substituição.

Esse procedimento não acontece de uma hora para outra. Primeiro surge uma reclamação, que é novidade para todos.

A linha de frente ainda não conhece o problema nem a solução, e procura apurar melhor o fato. Como não faz parte da rotina, é solucionado como um problema individual.

Quando o defeito começa a ser detectado também por outras pessoas, o alarme é disparado e o problema deixa de merecer um tratamento individual.

Suspendem-se as correções, aguardando instruções superiores.

Assim que é decidida a substituição do componente defeituoso, passa a ser rotina trocá-lo sem muitas explicações.

É importante considerar que um problema, na maioria das vezes, significa algo que não foi executado como deveria, gerando uma reclamação.

Temos de encará-lo decididamente, procurando definir as melhores soluções possíveis.

A personalidade da linha de frente é estabelecida a partir da delegação de autoridade, e se consolida a partir da experiência adquirida por seus membros, que amadurecem em suas decisões ao longo do tempo.

Por certo você já vivenciou a experiência de tentar obter uma solução por telefone e começar uma via-crúcis, sem ninguém com capacidade de lhe oferecer uma resposta ou informação consistente.

É irritante lidar com uma secretaria eletrônica que fica lhe oferecendo nove opções (o dial só tem nove números disponíveis).

Administração e vendas deveriam ser as únicas opções, transferindo a ligação diretamente para uma pessoa com capacidade de resolver a questão comunicada pelo cliente ou de transferir para quem a resolva. O atendimento tem de ser rápido e eficiente.

Dependendo do tamanho da empresa, ou de sua complexidade operacional, algumas identificações são válidas, desde que respeitado um tempo lógico.

Considere uma central telefônica como uma praça rotatória em uma cidade. Quando você chega à praça, tem de identificar para que lado precisa ir. Após essa primeira identificação de rumo, que pode ser eletrônica, e a partir daí, você precisa ser atendido por PESSOAS e não mais por uma voz do atendimento eletrônico que vai lhe dar mais nove alternativas, sempre com direito a escutar uma longa musica.

Se a "praça" der acesso a cinco "avenidas", em cada uma delas deve estar UMA PESSOA – *como um guarda de trânsito* – capaz de o transferir exatamente para quem você precisa ser destinado. PONTO.

> A PACIÊNCIA DO CLIENTE TEM LIMITE, NÃO ABUSE.

A impossibilidade de resposta se deve à ausência de delegação de poderes adequada e nítida, ou à falta de coragem ou de responsabilidade na tomada de decisão – não devemos esquecer que QUEM DÁ A MISSÃO DÁ OS MEIOS.

Quanto mais frequente e intenso é o programa informal de troca de experiências entre chefes e subordinados, quanto mais descontraído é o bate-papo de fim de expediente, em que se comentam não apenas os problemas da empresa mas também todos os acontecimentos do dia, mais produtivo é o envolvimento e a franqueza para a tomada de decisões pelos subordinados.

A decisão errada não pode ser temida. Ela precisa ser corrigida e encarada como um fato que acontece na vida de quem toma decisões, pois, sem dúvida,

> QUEM NÃO DECIDE, NÃO ERRA, CERTO?
> ERRADO! NÃO DECIDIR, MUITAS VEZES,
> É MAIS ERRADO DO QUE DECIDIR ERRADO!

Considere que os problemas são mais facilmente resolvidos quando detectados no início (fase 1). Se você permite que ele cresça e passe para a fase 2, começa a se transformar em um problema maior.

É como um incêndio. O do Edifício Andraus começou em um aparelho de ar-condicionado, mas não foi debelado em sua fase 1 e se transformou naquele inferno que todos conhecem (fase 2).

POSSUIR TRAQUEJO TÉCNICO

A capacitação profissional da linha de frente depende da tecnologia envolvida.

Em uma empresa como a Caterpillar, vendedora de motores e máquinas para serviços pesados e de terraplenagem, a linha de frente é composta por engenheiros de vendas.

Já na pequena loja de armarinhos da esquina, a linha de frente é composta por uma ou duas senhoras que conhecem tudo sobre botões, linhas, costuras e bordados.

Assim, a formação cultural/profissional da linha de frente precisa ser compatível com a linha de produtos e de trabalho da empresa. Macaco tomando conta de loja de louças não dá certo.

É importante ter absoluto domínio sobre a operação. Funcionários com um bom tempo de casa e experiência em vários setores são os mais bem-sucedidos nessa posição, desde que tenham as características imprescindíveis para a função, conforme indicado nos vários tópicos que estamos abordando.

A "dança das cadeiras" é uma excelente ferramenta para incrementar a experiência da linha de frente.

Muitas vezes o tamanho do grupo não permite uma efetiva "dança das cadeiras", em que cada funcionário permanece por alguns meses na função de seu colega. Esse fato deve ser compensado por pequenas atitudes de treinamento, em que as pessoas cruzam informações e experiências entre si.

Conhecer a empresa faz parte do traquejo técnico. Esse conhecimento precisa ser aprofundado e deve envolver não apenas aspectos operacionais, mas também suas possibilidades e limitações.

Saber operar os equipamentos técnicos disponíveis, assim como qualquer outro recurso, também é responsabilidade da linha de frente.

A atualização profissional também é importante. A velocidade da evolução tecnológica é geométrica, o que transforma a curto prazo os equipamentos e processos mais sofisticados em obsoletos, obrigando a empresa a manter seus profissionais em constante desenvolvimento, com programas de reciclagem e participação em cursos ou seminários.

Os funcionários, por sua vez, devem ansiar por mais treinamento técnico, pois isso os transforma em profissionais mais gabaritados para qualquer função (em qualquer empresa).

ORGANIZAR O SERVIÇO

Um princípio clássico criado pelo economista italiano Vilfredo Pareto (Lei de Pareto) considera que 20% dos clientes são responsáveis por 80% do volume de negócios.

Mas, cuidado! Concentrar-se nesses clientes não significa abandonar os outros 80%, que continuam sendo bons clientes.

A gerente de contas de um banco precisa saber, na ponta da língua, como estão os investimentos de seus clientes-chave, pois estes são responsáveis por 80% de sua carteira. E mais. Precisa saber de cor o número da conta de todos eles para poder prestar prontamente qualquer informação que um deles pedir.

Para isso, ela precisa "estudar a lição de casa" diariamente, logo que chega ao banco, fazendo algumas anotações básicas, e ter uma memória privilegiada.

É necessário manter o andamento de suas tarefas com ordem e eficiência, controlando várias situações ao mesmo tempo.

Outro exemplo típico é o de um recepcionista da oficina de uma revendedora de automóveis. Todas as manhãs entram de quinze a vinte carros para revisão. Geralmente, cada carro necessita de um pequeno ajuste ou de algum acréscimo, e todos os carros devem ficar prontos até o final do dia.

Isso significa que o recepcionista precisará estar atento, desde as 13 horas, para saber exatamente em que ponto está a revisão de cada veículo, pois os donos irão telefonar a partir das 15 horas, querendo confirmar se seu carro ficará pronto no mesmo dia.

A resposta precisa ser imediata, pois, na cabeça do cliente, o único carro importante é o dele, e o recepcionista tem obrigação de saber em que estado ele se encontra. Sentiu o problema?

O mesmo acontece no escritório imobiliário. Não importa quantos negócios são fechados diariamente. O que importa é que, quando dona Joaquina liga, a linha de frente tem de lhe transmitir rapidamente a informação pedida.

E sabe por quê? Porque para o cliente (centro do mundo) tudo que existe foi criado para servi-lo naquele momento.

Na loja, saber se aquele modelo de microondas ou aquela calça *jeans* está em falta temporária ou se já saiu de linha é uma informação muito importante, pois isso permite ao consumidor tomar outras decisões.

Tudo isso (e muito mais) exige organização e método.

Temos observado que a maioria das empresas mantém um certo cadastro de seus clientes, mas não sabe como usá-lo. Por isso, crie seu cadastro de clientes (aqueles 20%) e mantenha as informações atualizadas.

Se possível, abra uma pasta pessoal no computador e registre essas informações personalizadas. Isso é seu *network*, ou seja, uma capitalzinho seu, que usará em benefício da empresa, obviamente, mas que poderá ir com você quando mudar para outra empresa. São os clientes que VOCÊ conquistou, e que tendem a ser fiéis a VOCÊ.

Lembre-se: FIDELIZAÇÃO é fundamental para a saúde dos negócios.

Imagine a seguinte situação: você vai a uma manicure fazer as unhas, e ela arranca um naco de sua cutícula. Pergunta técnica: Quando é que você volta lá? Nunca mais. Mas se ela capricha no trabalho, é atenciosa, gentil, simpática, agradável e tudo o mais, você vai atrás dela, caso ela mude para outro salão, não é verdade? Ela "fidelizou" o cliente.

MANTER UM ALTO NÍVEL DE ENERGIA

Pessoas acostumadas a praticar exercícios conseguem se manter saudáveis em sua atividade profissional por períodos mais longos. Não que seja necessário ser um esportista, mas quem pratica uma atividade física regular tem mais facilidade para sustentar um ritmo de trabalho mais rigoroso e para agir com maior eficiência.

No fim de um dia de trabalho pesado, pode surgir um cliente querendo adquirir determinado produto. Ou pode ser que ele apenas queira informações sobre esse produto. Faça de conta que você acabou de abrir a loja e atenda-o como se fosse o primeiro cliente do dia, dando-lhe toda a atenção e as informações necessárias para que ele tome as decisões que julgar corretas.

Mesmo que você perceba que o cliente não vai comprar nesse momento, lembre-se de que, se ele está demonstrando essa intenção ao pesquisar, irá comprar onde se sentir mais bem atendido.

Digamos que sua loja seja de informática. Um cliente entra 15 minutos antes do fim do expediente e começa a fazer várias perguntas técnicas sobre uma determinada opção de computador *desktop* de capacidade ampla.

É óbvio que ele não vai comprar NESTE MOMENTO, pois está apenas colhendo informações para tomar uma decisão posterior, ou consultar o sócio, ou debater com seu chefe.

Se ele for do tipo meticuloso, vai querer saber tudo o que puder e anotar as informações que você lhe fornecer.

Alguns dias depois a decisão de compra será tomada, e o vendedor escolhido será aquele que foi mais correto nas respostas, mais seguro nas informações e mais hábil em demonstrar as garantias oferecidas por seu estabelecimento. Uma pequena diferença de valores será uma variável pouco considerada em um item de maior valor ou de muita responsabilidade técnica.

É a sua chance de conquistá-lo; por isso você não pode estar com cara de cansado ou impaciente. Tem de estar com expressão alegre e pronto para começar de novo.

É a hora de correr o quilômetro adicional, e para isso você precisa ter preparo físico. Nível de energia e disciplina caminham lado a lado.

Disciplina pressupõe rotina, e embora a tendência à rotina seja um veneno, em certas doses ela é benéfica.

A administração da rotina é uma questão de disciplina; então, decida como você vai conviver com ela.

Uma coisa é certa: a rotina precisa permanecer subordinada a você. Não permita que ela assuma o comando!

AGUENTAR PRESSÃO

Acostume-se com o fato de que durante toda a sua vida você vai ser pressionado. Quer ver?

Mal você está começando a caminhar e já está sendo pressionado para não fazer mais xixi nem cocô nas fraldas. Começa a estudar, e a pressão passa para as notas do boletim, pentear os cabelos, lavar as mãos antes das refeições, escovar os dentes.

Depois dirigir com cuidado, escolher uma profissão, ganhar para seu sustento, casar, criar bem os filhos, ter um bom plano de saúde, cuidar de sua aposentadoria, comprar um jazigo, e por aí se vai, até morrer.

A pressão no trabalho pode ser *terrível*, *forte* ou *saudável*. Em alguns mercados, ela é terrível.

O mercado financeiro é o melhor exemplo. Se você considerar que a pressão é muito forte para seu estilo de vida, é melhor procurar outra profissão; caso contrário, você vai ter uma úlcera a curtíssimo prazo.

A pressão *forte* é a tônica da maioria das empresas, seja tentando atingir os lucros estipulados, seja tentando superar uma meta ou cobrir um "buraco".

Normalmente a pressão anda no sentido inverso ao da pirâmide hierárquica (vem de cima para baixo), e sua força cresce em progressão geométrica. Quanto mais distante você estiver do topo, pior a carga que vai receber. E a pressão funciona em ondas. Assim que você "mata" uma, nasce outra, numa constante renovação de pressões.

Sabe por quê? Porque a maioria dos superiores hierárquicos supõe que exercer domínio é a sua principal função e que manter os funcionários sob uma forte pressão contribui para que os negócios alcancem maior sucesso.

A pressão *saudável* é a que é exercida por compromissos coletivos, e não por exigências individuais.

Você sabe que sua *performance* é vital para o sucesso do grupo, e trabalha em função disso.

Esta é a pressão interior, que transforma todos os funcionários em verdadeiros profissionais.

Chefes de qualquer nível e subordinados, também de qualquer nível, sabem o que têm de fazer e *não precisam ser cobrados, mas apenas estimulados*.

Ser organizado, calmo e construtivo, demonstrar tolerância e paciência e não perder o controle emocional são características imprescindíveis.

Nem sempre isso é fácil, pois nada é mais nocivo e contagiante do que a irritação e a impaciência de alguém. Muitas pessoas, aliás, simulam irritação para obter alguma vantagem, usando a famosa lei de Gerson.

Você não precisa ser frio; deve apenas manter-se frio. Se alguém ao seu redor começar a ficar nervoso ou gritar, não se deixe contaminar, e lembre-o de que isso não resolve os problemas, apenas os agrava, quebrando a concentração.

Se a confusão aumentar, dê uns berros e alguns socos na mesa, e faça todo mundo calar a boca. Normalmente funciona! Depois, ponha ordem na casa.

PROMOVER TRABALHO EM EQUIPE

O bom relacionamento da linha de frente com todos os departamentos, setores, áreas, ou como quer que sejam chamadas as divisões internas, é fundamental para o bom desempenho de sua função. A razão é simples. Para funcionar, a linha de frente depende dos outros departamentos.

A linha de frente precisa gerar ação e obter reação, precisa envolver e ser envolvida, dar e receber, colaborar e receber colaboração. Enfim, ela é INTERATIVA, e, para obter resultados positivos, precisa se relacionar bem com todos os setores da empresa, sendo PRESTATIVA e COLABORADORA com seus colegas de diferentes departamentos.

ENTENDER A EMPRESA

Quanto maior a empresa, mais complexa e sofisticada sua estrutura e operação.

Uma tendência que prevaleceu durante um longo período, a verticalização, gerou alguns "monstros" empresariais, em que a atividade-*fim* perdeu importância em relação às atividades-*meio*.

Transportar o produto acabado era mais lucrativo do que pagar frete, daí montava-se uma pequena frota de caminhões para executar o serviço. Este é um dos exemplos típicos que mais ocorreu na indústria brasileira.

Seus mentores admitiam que a administração da frota podia ser gerenciada pela estrutura existente, no que não deixavam de ter razão, caso a frota permanecesse com um tamanho razoável.

Mas aí surgia o problema de frete de retorno, que ajudaria a pagar as despesas. Para isso, era necessário ter um agente no ponto de destino, e, logicamente, estrutura para a emissão de documentos fiscais, etc.

Novos problemas começam a surgir, relacionados ao transporte (caminhão, pneu, motorista, etc.).

Viu como o "monstro" cresce ligeiro?

Essa tendência de centralização foi abandonada em benefício da terceirização, o que possibilitou enxugar as empresas e eliminar atividades paralelas, centrando o esforço em sua verdadeira missão.

A terceirização possibilitou a criação de prestadores de serviços, permitindo o retorno da empresa-mãe à sua atividade-fim.

A partir daí ficou bem mais fácil entender a empresa, pois quem fabrica fios não vende lâmpada, e quem vende lâmpada não fabrica motores.

Conhecer as operações e funções dos departamentos da empresa, assim como dominar a linha de produtos e serviços, tanto os comercializados como os de terceiros ou de uso interno, tornaram-se tarefas bem mais fáceis.

A linha de frente precisa estar a par de todo o funcionamento da estrutura, pois cabe a ela localizar as soluções para os problemas que eventualmente ocorram.

Nada mais desagradável do que informar seu superior que tal problema não foi resolvido, e ele lhe perguntar por que você não tentou fazer isso ou aquilo, atitudes que estavam a seu alcance.

CRIAR RELACIONAMENTO DE CONFIANÇA

Você jamais teve dúvida sobre a qualidade de produtos assinados por empresas como Johnson & Johnson, Nestlé e Gessy Lever, pois a preocupação com a qualidade e o respeito pelo consumidor garantem um longo relacionamento de confiança entre fabricante e cliente.

Empresas com esses padrões de procedimento estabelecem objetivos mercadológicos e fixam parâmetros de investimento e lucratividade considerando que A INDÚSTRIA É UM PROCESSO DE SATISFAÇÃO DO CLIENTE, E NÃO DE PRODUÇÃO DE BENS.[3]

Normalmente são essas empresas que determinam o patamar de preços do produto e não se preocupam muito com os valores praticados por seus concorrentes. Afinal, sempre vai existir alguém fazendo um pouquinho pior para vender um pouquinho mais barato.

Se reduzir custos implica quebra de qualidade, é preferível retirar o produto do mercado. Denegrir o nome, jamais.

Se você se educa para atingir o máximo de qualidade em seu serviço, criará ao seu redor uma imagem de eficiência, passando a merecer o reconhecimento dos clientes e colegas por seu procedimento.

Qualidade de serviço agrega valor ao que você faz.

---

[3] Theodore Levitt, "Marketing Myopia" [A miopia do marketing], em *Harvard Business Review*, Watertown, jul.-ago., 1960.

Qualquer um pode atender uma pessoa e ser prestativo, simpático, agradável e eficiente. Entretanto, quando retorna ao mesmo estabelecimento, o cliente prefere ser atendido pela pessoa que já o atendeu numa outra ocasião. Isso acontece porque aquela pessoa que escolhemos nos inspira mais confiança e nos sentimos melhor ao tratar com ela.

FIDELIZAÇÃO

Peço que você pare um momento e reflita sobre o que foi apresentado até agora.

Tratamos em rápidas pinceladas sobre a maneira como devemos atender e nos comportar diante de um cliente.

Na verdade, tanto você como eu apenas queremos ser tratados da maneira como foi mencionado aqui. Não queremos mais do que isso. E nosso cliente também não deseja muito mais do que isso.

ATENÇÃO
   GENTILEZA
      EDUCAÇÃO
         CORDIALIDADE
           PRESTEZA
              INFORMAÇÕES CLARAS E COMPLETAS
              BOAS MANEIRAS
              RESPEITO

Esses são alguns dos conceitos que levam o consumidor a voltar a um mesmo estabelecimento, qualquer que seja a linha de produtos. O MASTER OBJETIVO é motivá-lo a voltar.

Quando você consegue que seu cliente retorne, na verdade você está abrindo uma ENORME janela para novos negócios, pois não só ele fará novas compras para si, como para os amigos e parentes, ou, ainda, recomendará seu estabelecimento para os mesmos amigos e parentes.

O bom atendimento tem um fantástico efeito multiplicador.

Quando é BEM atendido, você comenta sua satisfação com 3 ou 4 pessoas, que podem visitar o estabelecimento e manifestar sua aprovação a ele a mais 3 ou 4 pessoas, numa multiplicação positiva.

Quando é MAL atendido, você expressa seu desapontamento na internet e o comenta com o mundo inteiro, numa multiplicação geométrica que pode matar um empreendimento!

A falta de treinamento adequado é um veneno. Observe que, em 99,99% das oportunidades, o vendedor pergunta à cliente: MAIS ALGUMA COISA? Ou, ainda: NÃO QUER MAIS NADA?

É claro que a cliente não quer mais nada, pois ela entrou para comprar uma blusa. Mas o vendedor pode, depois de identificada a blusa que a cliente vai levar, dizer-lhe: VEJA COMO ESTA ECHARPE COMBINA BEM COM A BLUSA. VAI FICAR MUITO ELEGANTE (se realmente ficar elegante, todos irão elogiar).

Note que a blusa ela COMPROU (o vendedor só a ajudou a encontrá-la) mas a echarpe o vendedor VENDEU.

A cliente que adquire uma blusa para si seguramente tem dinheiro para comprar muitas blusas. Você vai deixá-la ir embora para nunca mais voltar?

Concorda que seria muito bom se ela voltasse para comprar mais blusas para si mesma, para as filhas, para as amigas, para dar de presente de Natal ou de aniversário?

Quantos amigos e parentes com o mesmo potencial de compra ela terá?

A quantos clientes novos ela poderá recomendar nosso estabelecimento?

De quantas blusas estamos falando?

E de quantos produtos de uso correlato podemos falar?

Jeans, vestidos, lingeries, meias e muito mais...

Estamos falando de MUITO DINHEIRO!!!

Sua atitude precisa convencê-la a voltar e ela precisa sentir-se BEM-VINDA.

Se ela voltar várias vezes, você terá obtido a sua

FIDELIZAÇÃO, ESTE É O MAIOR PRÊMIO PARA UM VENDEDOR.

Portanto, vale o lembrete:
**A LINHA DE FRENTE
É
A ALMA DA EMPRESA.**

Assistência ao cliente

**CONQUISTAR UM NOVO CLIENTE É TRABALHOSO;
RECUPERAR UM CLIENTE PERDIDO É MUITO MAIS DIFÍCIL.**

O conceito de assistência ao cliente vem despertando a atenção da maioria das empresas, notadamente a partir do momento em que se tornou mais forte o princípio de "negócio orientado para o cliente".

A similaridade entre os produtos, seus respectivos preços e sua facilidade de suprimento têm forçado a identificação de um fator diferenciador entre as empresas, buscando serem mais competitivas do que suas concorrentes.

A eliminação de barreiras alfandegárias, a modernização do parque industrial, o progresso da informática, a melhoria das comunicações e a redução drástica da inflação deram origem a um "Brasil novo", onde é fundamental

> DEDICAR-SE MAIS AO CLIENTE.

A assistência ao cliente não é uma atividade isolada, mas sim um conjunto de atividades que envolve todos os setores da empresa, assim como todos os valores e princípios que são dogmas da filosofia empresarial.

OBJETIVO

A principal finalidade da maioria dos empreendimentos é ganhar dinheiro.

Imaginemos que você tenha uma disponibilidade de R$ 500.000,00 e resolva abrir um negócio, e que existam três alternativas que se encaixam em sua experiência profissional.

Algumas perguntas que lhe ocorrerão: Em qual das três alternativas vou me sentir mais realizado? Onde terei mais possibilidade de sucesso? Onde meu capital poderá estar mais bem protegido e ter retorno mais rápido? Onde poderei ganhar mais dinheiro?

Essa é a ordem filosófica dos fatores. A ordem prática e realista é o inverso.

A primeira questão é: Onde posso ganhar dinheiro mais facilmente?

Lucro, mola mestra da economia, dá trabalho para ser gerado. Por isso, após definir o que você vai fazer com seus R$ 500.000,00, precisa começar a imaginar como vai atingir o objetivo final de ganhar muito dinheiro.

É irrelevante definir aqui o que você vai fazer e se vai trabalhar com produtos, ideias ou serviços.

O que importa é discutirmos um pouco sobre a maneira pela qual seus objetivos podem ser alcançados.

Não esqueça: qualquer que seja o ramo escolhido, você estará se relacionando com pessoas ou empresas (administradas por pessoas) que são seus clientes e precisam ser mantidos como

CLIENTES PARA SEMPRE.
ESTE É O MAIOR SEGREDO DO NEGÓCIO!

É claro que você terá traçado uma série de objetivos mercadológicos, de lucratividade e de conquista de espaço, e seus investimentos em propaganda e promoção de vendas visam conquistar clientes, tudo bem discriminado e planejado, com treinamento efetivo para todo o pessoal.

Mas não esqueça que os melhores planos de trabalho podem ser corroídos pela falta de um acompanhamento que verifique até que ponto os princípios fundamentais estão sendo cumpridos.

Surge então outra pergunta: Como são conquistados os clientes?

Planos mercadológicos se constituem em especialidade abordada por grandes autores em milhares de tratados dirigidos às mais variadas atividades. Valha-se da sua experiência, que você adquiriu ao longo das batalhas da vida. Já é bastante.

Os esforços mercadológicos que você desenvolve objetivam atrair o cliente para seu estabelecimento e tentar fazer com que ele se interesse por seu produto ou serviço.

Após algum tempo de trabalho, você se pergunta:

Quanto custou atrair o cliente?

Considere *todos os seus custos* de propaganda e promoção de vendas, treinamento de pessoal, manutenção de loja ou *showroom*, etc. de noventa dias, e divida:

a) pelo número de clientes *atraídos* no mesmo período;

b) pelo número de pessoas a quem foi *vendida* alguma coisa;

c) pelo *valor total* de vendas; e

d) pelo *valor médio* por cliente.

Brinque um pouco com os números, dividindo uns pelos outros para saber quanto custou trazer para a loja cada cliente e quanto custou cada real que você obteve dele. (Se você tem propensão a problemas cardíacos, é recomendável tomar seu remédio antes.)

> SE VOCÊ NÃO TIVER UM MÉTODO PARA
> OBTER OS RESULTADOS DOS VALORES ACIMA,
> SEU CASO É MUITÍSSIMO MAIS GRAVE.

Surge agora outra questão: Como manter os clientes conquistados?

Num raciocínio simples, e só para efeito de cálculo, digamos que nesses 90 dias você investiu R$ 10.000,00 e conseguiu atrair 100 novos clientes. O custo para atrair cada cliente foi de R$ 100,00.

Desses 100 clientes, quantos compraram?

Digamos que 50 tenham comprado (o custo por cliente conquistado já subiu para R$ 200,00). Caso tenham sido bem atendidos, podem voltar ao estabelecimento e realizar novas compras, reduzindo o valor de seu investimento inicial (R$ 200,00) para R$ 100,00. Caso eles continuem a retornar, o investimento continuará a cair para R$ 50,00 por visita, e assim sucessivamente.

Vamos agora pensar nos outros 50 clientes que não compraram. Alguma coisa não os satisfez, a ponto de saírem com as mãos abanando.

Onde está a falha: Na linha de produtos ou na linha de frente?

Os primeiros R$ 100,00 foram jogados fora. Para atrair novamente os mesmos clientes, você precisará investir mais do que o dobro, pois precisará amortecer a ideia negativa da primeira visita e ainda oferecer uma vantagem para atraí-los.

INDEFINIÇÃO DE OBJETIVOS MERCADOLÓGICOS

Muitas empresas de bens de consumo de valor elevado e do ramo imobiliário cometem a mesma falha. Não avaliam de forma adequada o destino e o retorno de suas verbas de propaganda e de promoção de vendas.

A deficiência fica mais nítida nas revendedoras de automóveis, que, com raras exceções, têm caído nessa cilada.

Mantêm 100% do esforço e do investimento:

- na caça aos clientes de carros novos;
- não cuidam dos clientes já conquistados, que provavelmente saíram satisfeitos.

O primeiro erro é que as concessionárias não deveriam abandonar o cliente recém-conquistado à própria sorte, permitindo que ele se perca na multidão e seja atraído futuramente pelos concorrentes.

O segundo erro é que as concessionárias deveriam administrar um plano especial de atrativos aos clientes (antigos e novos), oferecendo um *plus* no uso da oficina, na compra de acessórios e peças, e também por ocasião da troca do veículo adquirido anteriormente.

É claro que a disputa pelo cliente do carro zero-quilômetro é fundamental, e para isso valem todas as ferramentas de *marketing*. Isso faz parte da guerra.

Até aqui entra o gasto com PROPAGANDA.

Mas não se devem colocar todos os ovos na mesma cesta.

Não podemos esquecer que o negócio com carros usados é extremamente lucrativo.

O raciocínio é simples: o carro novo vem faturado pelo preço de fábrica e é vendido por um valor limitado pelo mercado, deixando uma margem muito apertada de lucro. Já o carro usado, por constituir parte do pagamento, pode ser negociado por um preço mais baixo, revisado ao preço de custo de oficina e vendido com garantia de seis meses com uma margem muito mais atraente.

A segunda cesta de ovos virá a seguir. O que precisa ser modificado em dois aspectos é a atitude em relação à "carteira" de clientes de carros novos e de usados.

Aqui entra o investimento em promoção de vendas. Geralmente ao contrário do que acontece no mercado, a oficina da concessionária tem um preço proibitivo, os acessórios e as peças custam mais caro do que em qualquer outra loja, e, na troca do carro, cobram o preço vigente na tabela por um carro novo e desvalorizam muito o carro usado, caso este faça parte do pagamento por um carro zero-quilômetro.

Como já foi mencionado, aqui pode ser gerada uma boa lucratividade, mas não se deve exagerar.

Não se deve esquecer que o cliente conquistado, dentro de dois ou três anos, trocará de carro e estará vulnerável aos apelos de qualquer outra revendedora.

Numa visão (ou miopia) imediatista, as revendedoras esquecem que três anos representam apenas 36 meses, um período muito curto.

Em três anos, esse mesmo cliente estará permeável aos apelos de *marketing* dos revendedores de qualquer outra marca, ou, o que é mais grave, dos revendedores da mesma marca.

Imagine o que teria acontecido de bom se, há três anos, as concessionárias tivessem iniciado uma estratégia de acompanhamento de seus clientes conquistados.

Podemos afirmar com absoluta certeza que o custo de manter um cliente conquistado é infinitamente menor do que o investimento em *marketing* e promoções, pois

CONQUISTAR UM CLIENTE NOVO CUSTA SEIS VEZES MAIS CARO DO QUE MANTER OS ATUAIS.

Pense um minuto: todas as revendedoras trabalham com carros novos e carros usados. O comprador de carro usado almeja chegar ao carro novo. Não importa se esse sonho só vá se realizar daqui a três ou seis anos. Um dia ele chega lá.

Vamos deixar o vizinho levar?

Já o comprador de carro novo tende a trocar de veículo cada vez em menor tempo. Digamos que a média seja de três anos. São cinco carros em quinze anos. Em valores, são mais ou menos R$ 300.000,00.

Dá para jogar fora?

E o pior de tudo é saber que esse processo tem início no momento em que se vende o veículo. O cliente preenche uma ficha cadastral que vai para a financeira, e a revendedora nem sempre retém uma cópia!

Empresas desse tipo não têm memória, porque não criam um cadastro.

Esses comentários valem também para muitos dos grandes magazines, lojas de eletroeletrônicos, grandes confecções e mais uma infinidade de atividades comerciais. É só adaptar tudo o que já foi visto para qualquer outra atividade.

As editoras e os jornais fazem esse trabalho de manutenção de cadastro há anos, com ótimos resultados na renovação das assinaturas. A renovação é semestral ou anual, o que não difere do exemplo já citado, quando falamos em dois ou três anos.

Formar um cadastro de clientes é uma operação mais simples do que se pode imaginar.

Basta ter um pouco de organização para coletar os dados em um *database*. É uma operação tão simples que qualquer aprendiz de informática é capaz de realizar. Se preferir, pode comprar um programinha na banca de jornais da esquina.

Na visão de Simon Franco:

> As empresas brasileiras podem até se mostrar dispostas a mudar seus patamares de qualidade (ou serviço) e investir em planos de reestruturação, mas não estão administrando eficazmente seu presente.
>
> Quando as mudanças forem finalmente implementadas, poderá ser tarde demais, porque o mundo todo já terá alcançado um novo patamar.[4]

"OLHOS DE PRIMEIRA VEZ"

Para aplicar o conceito acima, é importante procurarmos olhar a profissão, área ou empresa com "olhos de primeira vez".

O que é isso? Você já se deu conta de que nos acostumamos de tal maneira com a paisagem que deixamos de observá-la?

Você se acostuma com as coisas e não nota as alterações.

Na rua em que você passa diariamente está sendo construído um novo edifício, e de repente você percebe que a construção já está na metade.

E o seu filho, que já está terminando o segundo grau e você nem se dá conta?

E sua mulher, que mudou o corte de cabelo e você não notou?

---

[4] Simon Franco, *Criando o próprio futuro* (São Paulo: Ática, 1997).

Todos os dias você trafega pela rua, conversa com seu filho e convive com sua mulher, e as mudanças passam despercebidas.

O mesmo acontece com sua profissão, sua área de atuação profissional, a empresa onde você trabalha ou seu automóvel. Ficam obsoletos e você não nota. Pior ainda. Você não se dá conta da necessidade de alterações.

Portanto, É IMPORTANTE PARAR E OBSERVAR OS DETALHES DE TUDO.

Os "olhos de primeira vez" são observadores e críticos e devem avaliar até que ponto os procedimentos fundamentais precisam permanecer ou podem ser eliminados, alterados ou modernizados.

Esta é a hora recomendável para procurar um consultor de empresas, pois, como esse profissional não está acomodado à situação atual da empresa, sempre olha tudo com "OLHOS DE PRIMEIRA VEZ".

Uma pessoa de fora da empresa equivale ao observador de uma partida de damas ou de xadrez. Como não está comprometido com o jogo, percebe oportunidades que os próprios jogadores não visualizam.

Isso é chamado de "visão de helicóptero" ou "visão de conjunto", pois a pessoa tem a possibilidade de observar os problemas e oportunidades de um ângulo diferente.

CONCORRÊNCIA

Conceituar concorrência não é tão fácil como parece, pois a tendência é analisá-la em função do mercado em que se trabalha e se tem experiência.

O conceito de concorrência é muito mais amplo, pois, na verdade, todo mundo é concorrente de todo mundo.

Superada a fase de bebê, começa a concorrência entre os coleguinhas, com a disputa pela atenção da "tia", passa pela adolescência e nos acompanha durante toda a vida.

A concorrência não é importante apenas para nós. É vital na floresta, por exemplo: a gazela sabe que, se não correr muito e souber se esconder, será devorada pelo leão. O leão, por sua vez, sabe que, se não for inteligente e rápido, não conseguirá caçar a gazela, e vai morrer de fome.

Isto é que é CONCORRÊNCIA:

> TANTO NA "SELVA ANIMAL" COMO NA "SELVA DE PEDRA",
> O GRANDE DESAFIO É SOBREVIVER.

Concorrente é qualquer um que, de alguma forma, impede que uma negociação seja concluída.

Concorrente é quem supera seu opositor.

Isso pode acontecer porque alguém ofereceu melhores condições de compra, foi mais hábil na argumentação

> OU PRESTOU UM SERVIÇO MELHOR.

EVOLUÇÃO

A atividade comercial, que se mantém em franca expansão por mais de quarenta anos, foi beneficiada por dois fatores que, em maior ou menor escala, estão presentes em nosso mercado:

a) Escassez de produto – Desnecessário comentar a que era submetido o consumidor para obter, por exemplo, um carro zero. Fila, ágio, impossibilidade de escolha de modelo, ter de aceitar determinados acessórios e opcionais, etc.

O mercado brasileiro, fechado às importações, em nada contribuía para melhorar essa situação.

E a indústria, numa de suas muitas demonstrações de miopia mercadológica, permanecia tentando mudar o cliente para que ele gostasse do produto, em vez de mudar o produto.

Abertas as fronteiras, assistimos à forte entrada dos importados.

b) Fatores inflacionários – Quando se viveu o exagero do "preço do dia", adquirir um refrigerador era uma dádiva dos céus. Quem tinha alguma sobra de caixa, adquiria um veículo como forma de investimento, pois o carro era a aplicação mais rentável do setor financeiro.

A tendência que predominou durante esse longo período foi a de mercado do vendedor.

O esforço de venda se resumia em contar com pessoas que administrassem, sem muitos traumas, o andamento da fila.

E os problemas eram "resolvidos" na base do "[...] ora bolas, afinal ninguém é perfeito e essas coisas acontecem, que posso fazer, a fábrica não atendeu, tenha paciência, depois eu lhe telefono (nunca mais), e vá para o inferno antes que eu me esqueça, pois, se quiser, é assim".

O advento do Plano Real e a consequente estabilização da economia, notadamente a partir de 1995, fizeram com que as coisas começassem a mudar.

Nesta corrida, porém, todos ainda estão na linha de largada!

A mudança está começando a dar os primeiros passos, e por isso não foi percebida por uma boa parte dos empresários.

Muitos supõem ainda ser possível contornar o problema oferecendo descontos, maiores prazos, brindes, além de outros tipos de promoções, as quais têm grande poder de influência como ferramentas complementares de *marketing*, mas sobre as quais não se pode jogar a responsabilidade pela solução do problema.

Todas essas medidas promocionais (cuja ênfase é influenciada pela sazonalidade, pelos ataques dos concorrentes, etc.) são válidas e devem compor o *mix* de comercialização.

A grande chave, porém, está condicionada à atitude empresarial.

E A RESPOSTA É MUITO SIMPLES: É FUNDAMENTAL DAR UM NOVO ENFOQUE À EMPRESA EM RELAÇÃO À PRESTAÇÃO DE SERVIÇOS.

A reengenharia, um sistema de reavaliação que envolve os procedimentos e os processos, tem procurado revitalizar a mecânica de operação da empresa, simplificando-a e dando-lhe uma nova filosofia, revendo os padrões e os parâmetros tradicionais.

Rotinas de fabricação e de atendimento comercial foram questionadas em seus padrões estabelecidos, consolidando-se a melhoria na velocidade de atendimento, em função principalmente da evolução da informática.

Os controles melhoraram, bem como a velocidade dos procedimentos mecânicos, e as informações complementares evoluíram. Como mencionamos anteriormente, este passou a ser um ponto importante do programa de treinamento, pois começou-se a exigir um novo padrão de operação dos funcionários.

Porém, as pessoas foram treinadas para operar sistemas e não para interferir neles ou melhorá-los, e essa responsabilidade ficou restrita aos criadores dos sistemas. É claro que a opinião dos operadores foi devidamente avaliada e considerada nas evoluções, mas estes sempre foram prioritariamente passivos.

Esses são aspectos mecânicos do sistema, sem levar em consideração os aspectos psicológicos, que precisam estar em constante revisão e aprimoramento, enfim, evoluindo.

A enganosa afirmação de que "em time que está ganhando não se mexe" é o primeiro passo para começar a perder.

Quem está ganhando tem a responsabilidade de se manter em movimento para permanecer à frente do competidor seguinte.

Para isso, é fundamental a manutenção de um saudável e construtivo espírito de autocrítica.

Atualmente, Bill Gates e os carros da Fórmula 1 representam os melhores exemplos dessa agilidade.

No Brasil, com a redução dos padrões inflacionários para patamares mais suportáveis, desapareceu o grande argumento de vendas, que era a "tabela nova".

Com o advento da Lei de Defesa do Consumidor, a instauração do Procon, a evolução do parque industrial brasileiro e a concorrência de produtos importados, está ocorrendo o fortalecimento do grande diferencial do futuro, que é a prestação de serviços, ou melhor, a personalização de serviços.

PERSONALIZAÇÃO DE SERVIÇOS

Personalização de serviços é, antes de tudo, uma filosofia de trabalho.

Muitas vezes essa filosofia fica restrita à frase de efeito que a caracteriza, não existindo qualquer consistência nas ATITU-

DES empresariais, que é onde a filosofia deveria se consubstanciar.

O melhor exemplo dessa falta de sincronismo entre MISSÃO e AÇÃO é a propaganda de alguns bancos – os bancos estatais são o exemplo mais claro – que evidencia uma mensagem que nada tem que ver com a realidade e é absolutamente desconhecida de todos os funcionários, até mesmo os da linha de frente, que deveriam contribuir para sua definição.

A distância entre a mensagem e a realidade é tão grande que chega a transmitir a ideia de que a propaganda objetiva apenas manter o "barulho" ao redor do nome da instituição.

As características básicas da *personalização de serviços* estão intimamente ligadas à própria linha de produtos e ao público-alvo.

Para uma rede de magazines, a cordialidade da linha de frente, o crédito desburocratizado e ágil, a entrega rápida dos bens adquiridos, o pronto atendimento às reclamações, solicitações e queixas dos clientes, entre outras, são atitudes características da *personalização de serviços* capazes de diferenciá-la de outras lojas concorrentes (ou até da mesma cadeia).

Para uma locadora de veículos, a *personalização de serviços* está intimamente ligada ao atendimento que seus funcionários foram treinados a oferecer, já que se trata de um mercado altamente competitivo, em que fatores como modelos, condições de pagamento, franquias de uso, etc. são muito similares entre os concorrentes.

Para uma revenda de veículos, estabelecer um diferencial significa ficar acima da média ou destacar-se de seus colegas revendedores da mesma marca.

O Fiesta, o Gol e o Palio entregues em Manaus, Porto Alegre ou São Paulo são exatamente iguais, e todos os revendedores têm os mesmos compromissos com suas montadoras.

Da mesma forma a linha branca (fogões, geladeiras, etc.), produzida por algumas indústrias, é distribuída por milhares de lojas que tendem a comercializá-la em condições muito semelhantes, pois ninguém aguenta fazer milagres todos os dias.

Ora, como o que é coletivo não representa um *plus*, o diferencial tem de ser estabelecido na maneira como esse serviço é prestado, ou seja, na *personalização de serviços*.

Por parte da revendedora, isso inclui agilidade da oficina nas revisões de fábrica, descontos especiais para acessórios e despesas de manutenção nos veículos comercializados por ela, novos ou usados, assim como o pronto-socorro mecânico para esses mesmos clientes, além de outros serviços.

Venderá mais quem souber FIDELIZAR CLIENTES, o que consiste em oferecer-lhe mais benefícios.

O consumidor não compra apenas um PRODUTO, mas principalmente os benefícios que estão embutidos nele. E a PERSONALIZAÇÃO DOS SERVIÇOS é um dos mais importantes benefícios que podem ser agregados ao produto.

Isso ainda não é nítido para muita gente, mas logo vai começar a fazer diferença. O tempo se encarregará de mostrar. E essa evolução é obtida a partir de um programa específico e detalhado, no qual é muito importante considerar os resultados da autocrítica já comentada.

O importante é saber identificar com criatividade a maneira de conscientizar o consumidor final de que o pacote representado pelo produto, acrescido da *personalização de serviços* oferecida, é o que propicia os melhores benefícios. E isso é consequência da atitude, da capacidade de comunicação e do relacionamento com o cliente.

CONSCIENTIZAÇÃO

Uma empresa sobrevive em função da lucratividade que obtém com os negócios que realiza, como já foi enfatizado.

Apenas as empresas governamentais, as filantrópicas e algumas ONGs podem se dar ao luxo de não pensar em retorno financeiro.

Em todas as outras atividades, o negócio é desenvolvido e planejado com o intuito de obter lucro ao vender um produto, ideia ou serviço ao cliente.

Assim, o principal objetivo de um negócio é a obtenção de lucro, que só é auferido se alguém (o cliente) comprar o produto (ideia ou serviço). Para isso é fundamental o envolvimento de todos os que trabalham na organização.

Um importante ponto a considerar é que CADA CLIENTE É ÚNICO, e temos a necessidade de transformá-lo em um AMIGO. Como já mencionamos, o raciocínio é muito simples:

SÓ VENDEMOS A AMIGOS, POIS OS INIMIGOS INSISTEM EM NÃO ENTRAR AQUI.

E ficará cada vez mais difícil manter o empreendimento se sempre tivermos que "comprar novos amigos", porque os clientes anteriores, que eram "amigos", provavelmente agora são "inimigos".

Lembre-se de que o negócio não é um videogame em que o objetivo é eliminar ou destruir os inimigos.

No videogame da vida, ganha quem conseguir transformar o maior número de compradores em AMIGOS.

Além disso, os clientes comprovadamente AMIGOS precisam receber sempre um tratamento personalizado, pois o grande objetivo é transformá-los em parceiros.

A regularidade de negócios com eles responde por boa parte do fluxo de caixa, que dá origem à lucratividade, permitindo manter o padrão de salários e empregos. Lembre-se dos 20% da Lei de Pareto.

Para manter o negócio saudável e lucrativo, é fundamental a colaboração e o empenho de todos. Não dá para alguém "ficar no bem-bom" e deixar a carga pesada para os outros.

Costumo exemplificar comparando a empresa a um barco a remo no meio de um rio largo. O barco tem um furo no casco e os que estão dentro têm de se revezar entre remar e tirar água.

QUEM NÃO ESTIVER REMANDO OU TIRANDO ÁGUA,
NÃO PODE FICAR A BORDO.

Aqui se inicia um trabalho muito importante a ser desenvolvido dentro da organização, sem o qual será mais complicado atingir os resultados.

Trata-se da conscientização de todos (do presidente ao mais simples funcionário) sobre a importância da QUALIDADE do atendimento, do trabalho, do produto, da apresentação, dos prazos, das comunicações, enfim, do relacionamento com o cliente.

Como não poderia deixar de ser, essa conscientização se consolida a partir do exemplo que vem de cima.

O presidente tem de ser o primeiro a demonstrar nitidamente a importância da atitude, e cabe a ele a responsabilidade de manter um procedimento adequado.

TREINAMENTO INTERNO

É importante manter um espírito de treinamento e reciclagem no ar, pois isso dificulta a estagnação mental, a rotina, que são um veneno para a empresa e para as relações interpessoais.

É preciso rever os padrões de treinamento dos funcionários, partindo do princípio de que TODOS ESTÃO COMPROMETIDOS COM O SUCESSO DA EMPRESA.

Conta-se que Walt Disney, o segundo maior vendedor do mundo (o primeiro é Jesus Cristo), caminhando por seu primeiro parque recém-inaugurado em companhia de um de seus diretores, comentou sobre um papel que avistou caído no chão. O diretor disse que o havia visto, e que depois mandaria alguém apanhá-lo. Disney voltou, recolheu o papel, colocou-o no lixo e demitiu o diretor, pois nada poderia estar fora do lugar ou desarrumado. Isso é uma atitude típica de nº 1.

"Treinamento é feito de exemplos, e a eventual ausência das chefias representa não só uma falta de comprometimento com quaisquer mudanças, mas, principalmente, um obstáculo a elas", como muito bem coloca Luiz Junqueira.[5]

O treinamento precisa ser escalonado para propiciar aos funcionários, a longo prazo, uma visão ampla de toda a empresa, permitindo-lhes migrar para outros postos, conquistar promoções e serem ainda mais úteis para o conjunto.

Não se trata, portanto, de executar apenas as tarefas para as quais se foi contratado, mas sim de assumir a postura de um "jogador de vôlei", que em determinado momento está na rede e no momento seguinte está no fundo da quadra, ou seja, pode

---

[5] Luiz A. C. Junqueira, *A administração do tempo* (Rio de Janeiro: COP, 1985).

jogar na posição em que sua presença melhor contribua para o resultado final.

A faxineira deve limpar adequadamente os banheiros, as mesas, o chão, os móveis e tudo o mais, pois a falta de higiene irá gerar mal-estar e constrangimento para todos os funcionários e clientes que frequentam o ambiente.

Mas, se o telefone tocar no momento em que está sozinha executando suas tarefas, ela deve atender com civilidade e presteza, pois PODE SER UM CLIENTE, e, para este, quem está no outro lado do fio é A EMPRESA, não a faxineira.

A experiência tem demonstrado que a capacidade de adesão a um melhor padrão de desempenho é muito grande, pois todos querem e gostam de participar de um grupo bem-sucedido, principalmente os funcionários das funções mais singelas.

O treinamento interno se inicia com a integração do recém-admitido à filosofia da empresa, ao ambiente e à função.

Um programa de reciclagem anual deve ser estabelecido, a fim de manter vivos os principais pontos de referência da empresa, refletindo ainda as modificações que ocorreram no período.

A continuidade do treinamento é assegurada com palestras dirigidas, e estas devem ser divididas em externas e internas.

As palestras externas (proferidas por pessoal de fora) devem abordar temas práticos de grande abrangência conceitual, servindo de matéria-prima para as palestras internas (conduzidas pelos funcionários internos) ao longo do ano.

Essa sequência, dentro do conceito de educação continuada, objetiva incrementar o desempenho de determinadas atividades ou programas, melhorando as atitudes do grupo e acrescentando novos aspectos ao desenvolvimento dos trabalhos.

As palestras internas obedecem a uma sequência e têm continuidade em um programa de apoio escrito, cuja finalidade é consolidar o assunto debatido nas palestras externas.

Além desses programas, é fundamental a "dança das cadeiras", para permitir maior flexibilidade ao grupo.

Mais que uma formalidade, a "dança das cadeiras" é uma atitude de treinamento que tem por objetivo a multifuncionalidade, pois nem sempre é exequível trocar as posições das pessoas no quadro de funções.

O que importa é que qualquer pessoa saiba executar o trabalho de seus colegas próximos, impedindo assim que haja quebra de sequência, caso alguém falte.

Quando o cliente telefona solicitando algum esclarecimento ou orientação, ele precisa receber uma resposta adequada, e não uma desculpa ou postergação.

ENDOMARKETING

Considere que, dentro de uma empresa, todo mundo é cliente de todo mundo.

Um produto ou serviço é normalmente elaborado em fases, e cada pessoa executa uma parte.

Você recebe o produto em sua terceira fase, executa sua parte e transfere para o colega seguinte, que executa a quinta fase.

Do ponto de vista de *marketing*, você é cliente do colega que lhe transferiu o produto, e fornecedor daquele a quem o transferirá depois.

Quando você recebe um produto defeituoso, precisa devolvê-lo a seu fornecedor para que sejam feitos os reparos, com todas as demoras e desgastes que isso representa.

O erro ou falha sempre pode acontecer em qualquer fase, e, se não for detectado, pode se agravar nas fases seguintes.

Quanto mais cuidadoso for cada um dos "fornecedores", melhor será o fluxo do produto e maior será também a satisfação do consumidor final.

O ideal é que você receba um produto perfeito e execute com perfeição a sua parte. O conceito vale para qualquer ocorrência, seja entre pessoas de um mesmo departamento, seja entre departamentos.

Se internamente o que foi dito já é uma verdade forte, mais forte ainda é quando se relaciona com o cliente final, que deve receber o produto ou serviço em absoluta consonância com sua expectativa.

Imagine-se comprando uma camisa social para a cerimônia a que você precisa comparecer agora; ao abrir a embalagem, você percebe que está faltando o botão de um dos punhos. É uma falha simples, sem dúvida, mas que o deixa muito irritado.

Você não tem tempo útil para voltar à loja e reclamar ou trocar, e vai precisar improvisar com um alfinete ou coisa parecida.

Se voltasse à loja, provavelmente pediriam desculpas (mesmo considerando que a falha, nesse caso, não é da loja, mas sim do fabricante) e trocariam a camisa.

Não importa quão atenciosos eles sejam. Você sofreu um desgaste desnecessário e ficou irritado, tudo por falha de alguém que não colocou o botão, e de mais alguém que falhou ao revisar.

O revisor, cliente interno, não reclamou do colocador de botões, seu fornecedor, e o produto saiu com falha para o verdadeiro cliente, que é você,

QUE ESTÁ PAGANDO O SALÁRIO DE TODOS ELES.

O que mais agrava o fato é que como colegas, revisor e colocador se conhecem, e, se são amigos, tendem a deixar passar as falhas um do outro.

VOCÊ, CLIENTE, É IMPESSOAL, NÃO EXISTE COMO "GENTE". É UM NÚMERO E FAZ PARTE DE UMA CAIXA ONDE ESTÃO CONTIDOS OUTROS NOVE CLIENTES DO MESMO TAMANHO.

ELIMINAÇÃO DOS PONTOS CRÍTICOS

Falhas de fluxo, *layout*, engenharia ou informática são facilmente corrigíveis, desde que identificadas.

Os conceitos *on-line* e *just in time*, representando uma grande evolução, nem sempre são aplicáveis, razão por que é necessário ter um sistema que estabeleça prazos exíguos para a execução de cada fase.

O que justifica a permanência do produto 24 horas em uma área, se seu processamento consome apenas, digamos, 12 horas?

Antigamente (mais ou menos há cinco anos), era usado o conceito de "dias de produção", que passou para "horas de produção", e que tende a evoluir para "minutos de produção".

A secretária que demora para remeter um fax pode estar prejudicando o fluxo da comunicação com o cliente, seja ele interno ou externo; dificilmente compete a ela decidir sobre a urgência do assunto.

Na outra ponta da linha, quem recebe provavelmente não tem o poder de decisão para juntar vários faxes e fazer uma entrega única para a mesma pessoa.

Os pontos críticos são os gargalos operacionais, lugares onde as coisas demoram a ser solucionadas ou precisam ficar "no desvio", aguardando algum outro acontecimento.

É importante lembrar que a partir do momento em que recebemos a matéria-prima, estamos contando prazos para o pagamento dos compromissos.

Quanto mais rápido sair o produto acabado, menor será a necessidade de capital para financiamento das vendas.

Estes são apenas alguns dos pontos críticos que ocorrem nas empresas, e devemos estar sempre atentos para aparar as arestas que eles possam representar.

COMPLICADORES E SIMPLIFICADORES

Pessimismo é uma atitude que contamina o ambiente de trabalho.

Uma empresa não pode se dar ao luxo de manter uma pessoa ou uma equipe de pessimistas, também conhecidos como complicadores, POIS NADA VAI DAR CERTO, NUNCA!

O complicador sempre encontra razões para certa coisa "não dar certo", "não dar tempo", "não funcionar" ou "não ser possível para hoje".

Da mesma forma, o funcionário passivo, vulgarmente conhecido como "vagão" (precisa sempre ser "rebocado"), representa um risco, embora não seja tão perigoso. O grande problema do vagão é sua incapacidade de tomar decisões, ser criativo, ter ideias.

Cabe à administração de pessoal direcionar tanto os passivos quanto os pessimistas para funções em que eles não emperrem ou causem danos ao fluxo de trabalho, mantendo absoluta distância do cliente, pois a capacidade de eles transmitirem uma imagem deformada ou uma informação de consistência duvidosa é muito grande.

Otimismo deve ser um dos parâmetros para a admissão, com tanto peso quanto criatividade, iniciativa, escolaridade, experiências anteriores, etc.

O otimista criativo (com capacidade de iniciativa) é o que se pode qualificar como simplificador, pois ele costuma ter mais de uma boa solução para cada problema. Contudo, é delicado mantê-lo sob controle, pois ele é um dínamo, devendo-se avaliar também seu grau de dispersão, pois são características muito próximas.

REDUÇÃO DE PRAZOS

A velocidade propiciada pela informática precisa ser transformada em vantagem de *marketing*.

Caso a operação exija fases de processamento, todos os padrões de tempo devem ser equacionados dentro de seus limites mínimos, como mencionamos em "ELIMINAÇÃO DOS PONTOS CRÍTICOS" (p. 66).

Os cronogramas precisam ser constantemente verificados e a tentativa de redução de prazos deve ser permanente, o que pode representar um ou dois dias de melhora de produtividade e consequente antecipação de faturamento.

Ao mesmo tempo em que se fala em prazo de faturamento, fala-se também em melhoria de eficiência de capital, pois significa que o investimento em matéria-prima e mão de obra terá um retorno mais rápido.

A redução de prazos propicia maior satisfação ao cliente, pois muitas vezes a decisão de comprar o produto pode ter levado vários meses, mas no momento em que efetiva a compra, ele deseja receber sua encomenda o mais rápido possível.

A linha inteira de procedimentos deve ser revista objetivando reduzir ao mínimo o prazo entre a decisão de compra e o recebimento do produto.

PERSONALIZAÇÃO DO ATENDIMENTO

Uma das experiências mais traumatizantes para um cliente é "rodar" dentro de uma organização procurando um esclarecimento, uma informação, querendo dar uma sugestão ou fazer uma reclamação (ver página 36).

O serviço público, com as exceções que confirmam a regra, é a área onde essa ocorrência é mais frequente, consolidada ao longo de muitos anos de mau atendimento ao usuário.

Devido a essa tradição de receber um mau serviço, o consumidor brasileiro acostumou-se a ser tratado como passageiro de segunda classe, consolidando-se também o sentimento de que quem o atende está fazendo um favor, numa total inversão de valores.

Observe que, no final do atendimento, normalmente quem agradece é a pessoa que foi atendida, e não quem prestou o serviço.

Nos postos de pedágio das estradas, por exemplo, quem costuma dizer muito obrigado é o motorista, e não o cobrador.

Está tudo invertido, pois o motorista está pagando o serviço do cobrador e o uso do produto (que é a estrada), e o cobrador é quem deveria agradecer pelo pagamento.

A recente evolução industrial alcançou uma melhora na qualidade dos produtos mas não evoluiu muito em relação ao tratamento dispensado ao cliente.

O serviço "0800", com seu atraente apelo de "Serviço de Atendimento ao Consumidor, fale conosco", na maioria dos casos não passa de uma inócua ferramenta de *marketing* (ou de anti-*marketing*) muito mal usada, pois costuma não funcionar.

Isso acontece quando o serviço é criado sem a necessária estrutura funcional, como se fosse uma dessas muitas leis que "não colam".

Ficam pendentes de regulamentação, ou, o que é pior, de vontade política.

CLIENTE/NÚMERO *VERSUS* CLIENTE/NOME

Em qualquer organização razoavelmente moderna, cada cliente é identificado por uma sigla composta de letras e/ou números.

Esta é a melhor maneira de manter a organização de um cadastro, qualquer que seja seu tamanho.

O preenchimento regular da primeira proposta ou ordem de compra deve conter todas as características do cliente (razão social ou nome, endereço completo com telefone, fax e *e-mail*, CGC, IE e o que mais for necessário para uma completa e perfeita identificação).

Esse primeiro documento dá origem à existência daquele indivíduo como cliente dentro da organização, e, a partir desse instante, ele recebe um número, que pode ser sequencial: por área, território ou cidade, dependendo da estrutura da organização.

O que importa é que a partir desse momento o dr. José das Couves passou a ser o cliente 234.567, e todos os fatos ligados a ele estarão sempre comandados por esse código.

A nota fiscal, a ficha de crédito, o boleto de cobrança, a etiqueta de embarque da mercadoria, a inclusão no arquivo de mala-direta, enfim, tudo o que se refere ao dr. José das Couves passou a ser acessado pelo código 234.567.

Esse é o conceito de cliente/número, absolutamente válido para todos os efeitos de funcionamento da organização, e nada se altera, até o dr. José das Couves telefonar para solicitar uma informação, fazer um novo pedido, reclamar ou sugerir alguma coisa.

Nesse momento ele deixa de ser CLIENTE/NÚMERO e passa a ser CLIENTE/NOME.

DEPARTAMENTO DE ASSISTÊNCIA AO CLIENTE

Para que a mudança de NÚMERO para NOME aconteça, é necessário implantar as medidas mencionadas e, ainda, a mais importante, a criação de uma pequena estrutura inicial que chamamos de Departamento de Assistência ao Cliente (DAC), a qual, dependendo do tamanho da organização, tenderá a se expandir.

Uma grande evolução se faz necessária nesta área, objetivando um melhor e mais dinâmico tratamento ao cliente.

Muitas empresas já contam com o Serviço de Atendimento ao Consumidor (SAC), cuja tendência é ser passivo, ou seja, ele só reage mediante a reclamação do cliente.

O DAC tem uma função muito mais ampla, sua relação com o cliente é como um casamento: "na alegria e na tristeza, na saúde e na doença", ou seja, ele acompanha o cliente em todas as ocasiões em que se fizer necessário. ELE AGE E REAGE.

Sem qualquer discriminação, a recomendação é a de que se usem mulheres para essa função. Elas deverão ser selecionadas dentro do perfil profissional do principal público-alvo, e submetidas a um treinamento especial.

Caso o ramo seja, por exemplo, o de material para consultórios médicos, elas devem ter curso profissionalizante de atendente de enfermagem ou algo similar para que possam entender melhor o problema do cliente, sem muito desgaste e principalmente sem cometer muitas gafes.

O perfil leva em consideração o gosto pelo trato com o público, empatia, habilidade para contornar objeções, uma boa capacidade de argumentação e a tal da "paciência beneditina".

É importante ainda que elas tenham livre trânsito dentro da empresa, além de muita independência em relação aos colegas.

Trata-se de uma função com características de auditoria de *marketing*, já que identificará pontos de inconsistência da empresa em relação ao atendimento ao público, e suas atitudes poderão ser mal interpretadas.

Para que os resultados de seu trabalho sejam compensadores, é recomendável que o DAC se reporte diretamente ao "número 1" da organização (presidente ou diretor) ou ao responsável pela manutenção dos princípios básicos de toda a empresa.

O DAC deve contar com um terminal idêntico ao do departamento de vendas, com lançamentos atualizados *on-line* ou diariamente, e deve ser o usuário direto do famoso 0800.

A telefonista central encaminha ligações que tenham "endereço" definido (expedição, caixa, departamento de compras, departamento de vendas, etc.).

Qualquer ligação indefinida deve ser transferida para o DAC, que procurará identificar o problema e resolver o assunto, se possível sem transferir o cliente para mais ninguém – isso, como todos sabem, é uma das coisas que mais irritam.

Ao receber a ligação, o DAC deve solicitar a identificação do cliente e, de imediato, "chamar" o cliente na tela, passando a trabalhar com o conceito de cliente/nome, em que ele passa a se chamar, no nosso caso, doutor José.

Na verdade, nesse momento o DAC assume o papel de *ombudsman*; ele é passivo e reage, responsabilizando-se pelo problema e sua solução.

Para que isso aconteça, é fundamental que o pessoal do DAC tenha absoluto conhecimento de todos os detalhes operacionais da empresa.

Quando se cria o DAC e é indicada uma funcionária com algum tempo de casa, tudo fica mais fácil, pois ela já conhece a estrutura e as pessoas. Mesmo assim, um estágio é importante, pois as estruturas são dinâmicas.

Se, ao contrário, for contratado alguém de fora, é fundamental que seja submetido a um estágio bastante detalhado, acompanhando o fluxo normal do relacionamento cliente/empresa.

CLIENTES A, B, C E D

A classificação universal de clientes dentro de uma curva ABCD (Lei de Pareto) possibilita avaliar a qualidade do atendimento de uma empresa ao seu mercado-alvo.

A fixação dos parâmetros de avaliação é uma etapa muito delicada, pois pode levar a distorções que comprometam completamente seu resultado.

O ideal é ter dois padrões de avaliação, sendo um do tipo *fast-food*, com perguntas e respostas rápidas, para ser fornecido pelo cliente em não mais do que trinta segundos.

Basta formular e atribuir pesos a três questões:

1) nível de satisfação com o atendimento e a prestação de serviços (peso 6);
2) intenção de voltar a comprar (peso 2); e
3) recomendação a seus amigos e parentes (peso 2).

Onde obter essas informações? Na boca do caixa, com um formulário simples de respostas não obrigatórias; ao lado de cada pergunta, espaço para a nota (0 a 6, 0 a 2 e 0 a 2).

O cliente A responde positivamente (e com ênfase) às três perguntas e soma de 8 a 10 pontos.

Este cliente precisa ser muito bem tratado, pois dispensa grandes investimentos em propaganda e promoção de vendas, rende negócios adicionais e atrai novos clientes por meio de suas recomendações.

É O CHAMADO CLIENTE OURO.

O "ideal olímpico" é gerar o máximo de clientes A, amplamente satisfeitos com o atendimento.

O cliente B, com 6 a 8 pontos, pode estar satisfeito e voltar a comprar se..., e talvez nos recomende a alguém.

É o CLIENTE PRATA, que precisa ser transformado em OURO.

O cliente C, com 3 a 6 pontos, é muito vulnerável a ofertas e pode já estar escapando.

Mesmo assim, é classificado como CLIENTE BRONZE, e o ideal é guindá-lo para as categorias superiores.

O cliente D, com 0 a 3 pontos, é um oportunista, não se vinculando a nada.

Será que essas afirmações são corretas?

Ou será que os clientes B, C e D não receberam o tratamento adequado e por isso sua satisfação é tão baixa?

Esta é uma questão da maior gravidade, pois os números podem estar comprometidos, e não devemos aceitá-los como definitivos, *tapando o sol com a peneira*.

Pensamos que o cliente é ruim, mas será que ruins não somos nós, que estamos prestando um péssimo serviço?

O segundo padrão de avaliação já é bem mais complexo e detalhado, e precisa envolver clientes que se predisponham a participar de painéis de debates.

Esse material precisa ser preparado por pessoal especializado em pesquisa de opinião; a filosofia básica é que

TÃO IMPORTANTES QUANTO AS RESPOSTAS QUE OBTEMOS DOS CLIENTES SÃO AS PERGUNTAS QUE DEVEMOS FAZER A NÓS MESMOS.

Se um cliente não ficou satisfeito, provavelmente foi porque nós não soubemos satisfazê-lo.

O ERRO DEVE SER NOSSO, E NÃO DELE.

O grande objetivo, além de conquistar novos clientes, é mantê-los ao longo do tempo.

A manutenção dos clientes conquistados, como já mencionamos, é seis vezes mais barata do que a conquista de novos clientes, um investimento alto.

O grande desafio é não deixar escapar por entre os dedos o cliente que já temos na mão.

"MORTALIDADE INFANTIL" *VERSUS* "MORTALIDADE ADULTA"

Não é muito nítido para a maioria das empresas o conceito de "mortalidade infantil": tanto pode ser o número de clientes que desapareçam antes de completar um ano como aqueles que só realizam um único negócio.

As razões para esse desaparecimento podem ser muitas e precisam ser investigadas detalhadamente.

A mais comum é a frustração causada pela comparação entre a expectativa (o que o vendedor ou a propaganda prometeu) e a realidade recebida com o produto ou serviço.

É necessário cuidado para não classificar esse cliente como um cliente D; potencialmente, ele até poderia ser classificado como A, B ou C, CASO TIVESSE SIDO BEM ATENDIDO E RECEBIDO A ATENÇÃO ADEQUADA.

A "mortalidade adulta" é muito mais grave, pois envolve os clientes tradicionais (aqueles com mais de um ano ou mais de duas compras), mas é pouco investigada, encontrando-se, na maioria das vezes, explicações e justificativas para sua ocorrência.

Muitas podem ser as razões para tal ocorrência, e, na maioria dos casos, a resposta à pergunta é vaga e inconsistente, justamente por não existir um sistema formal de acompanhamento e de avaliação sobre a QUALIDADE DOS PRODUTOS e a EFICIÊNCIA MERCADOLÓGICA.

Teoricamente, alguém só deveria deixar de ser cliente ao encerrar suas atividades ou se aposentar, pois, uma vez conquistado, deveria permanecer ativo.

Se ele deixou de ser cliente, foi porque DEIXAMOS DE SER EFICIENTES. Não cuidamos dele como deveríamos, ou PERMITIMOS QUE OS CONCORRENTES FOSSEM MELHORES DO QUE NÓS.

Precisamos manter presente a constatação de que é muito mais fácil trocar de empresa ou de produto do que reclamar.

Não podemos esquecer também que apenas 4% dos clientes insatisfeitos reclamam. Isso significa que, PARA CADA CLIENTE INSATISFEITO QUE RECLAMOU, EXISTEM OUTROS 24 QUE NÃO RECLAMARAM.

O DAC é a entidade apropriada para investigar as verdadeiras razões de tais ocorrências, por sua aptidão múltipla, em que se destacam a de *ombudsman* e a de auditoria de *marketing*.

Nesse espírito, o DAC segue duas grandes linhas de ação – ativa e passiva –, sendo conveniente conceituar cada uma, começando pela passiva, que se concretiza quando o cliente procura a empresa.

ATENDIMENTO PASSIVO – *OMBUDSMAN*

Nós, brasileiros, não estamos habituados a reclamar, e só tomamos uma atitude quando o problema é grave. Caso contrário, é adotada a cômoda posição de "deixar pra lá" (vou repetir a frase: "Para cada cliente que reclamou, existem outros 24 que não reclamaram").

Quando alguém chega a procurar a empresa ou telefonar para solicitar uma ação, está predisposto a discutir, pois sabe que na maioria das vezes tenderão a não aceitar que seu atendimento tenha sido inadequado.

Por essa razão, a recepção à pessoa ou o atendimento da ligação precisa ser personalizado, cordial (sem ser submisso) e atencioso (sem ser bajulativo). A funcionária do DAC identifica-se pelo nome.

Ouvir é a primeira atitude construtiva a ser tomada quando se trata de uma reclamação. O cliente não deve ser interrompido, mas sim estimulado a expor suas queixas.

Pois será mais fácil dialogar após ele ter esvaziado a alma. A técnica é a mesma usada pelos vendedores para administrar objeções.

Quando o cliente apresenta uma objeção, jamais deve ser interrompido pelo vendedor, pois, se isso acontecer, ele ficará com a metade da objeção atravessada na garganta, e ele não ouvirá nada.

Portanto, o vendedor, ou a atendente do DAC, deve ajudá-lo a completar a objeção, pois assim demonstrará que o ponto de vista dele está sendo ouvido (ainda que não tenha razão).

Cabe ao DAC centralizar todas as ocorrências, acionar os departamentos para resolver o problema, coordenar contatos técnicos (por exemplo, suporte técnico da área de informática, caso o problema seja de compatibilidade ou operação de um *software* ou *hardware* adquirido), providenciar a substituição de mercadorias defeituosas, enfim, SOLUCIONAR qualquer problema do cliente.

O DAC não se satisfaz com desculpas ou justificativas internas, tendo autonomia para subir na escala hierárquica toda vez que não conseguir resolver a pendência, podendo chegar até o "número 1", caso seja esta a sua linha direta de reporte.

É sempre a mesma pessoa do DAC quem mantém contato com determinado cliente.

Mesmo que algum técnico tenha de tratar com ele (caso do *software*, por exemplo), após o assunto ser encerrado, o DAC mantém um novo contato para certificar-se de que, AGORA, tudo está dentro das expectativas.

Para o cliente significa que a empresa está se certificando de que está tudo correto, transmitindo-lhe uma imagem de profissionalismo, seriedade e respeito.

Se possível, apenas o DAC deve contatar o cliente. Caso uma área interna tenha de tomar alguma providência, ela deve transmitir a solução ao DAC, que é quem a informa ao cliente.

O objetivo é evitar diferentes estilos de comunicação, alguns mais polidos e outros... nem tanto.

O bom atendimento fica gravado na memória do cliente, e a cordialidade quebra a barreira da inibição.

Toda vez que precisar de alguma nova ação, mesmo que seja sobre qualquer outro assunto, ele procurará a mesma pessoa, a quem já considera amiga.

Para consolidar a imagem do bom atendimento, o DAC deve voltar a contatar o cliente dentro de quinze a trinta dias, assegurando-se de que o problema foi realmente solucionado.

Essas ações do DAC (como *ombudsman*) sobre acontecimentos passados são sempre corretivas.

A velocidade de correção dos problemas é fundamental, e cada tipo de ocorrência deve ter um prazo estabelecido para sua solução.

Qualquer superação desse prazo deve ser tratada como um agravamento da reclamação, disparando alarmes para os envolvidos.

Não podemos esquecer que a tendência humana é mais para criticar do que para elogiar.

Se o cliente for maltratado, seguramente comentará o fato com as pessoas de seu relacionamento. Caso o atendimento tenha sido adequado ou bom, a chance de uma referência positiva aumenta muito.

Essa imagem positiva pode ser consolidada em sua mente trazendo três vantagens: 1. cliente satisfeito pensa sempre positivamente; 2. cliente satisfeito é bom divulgador; 3. cliente satisfeito *tende* a manter-se fiel.

ATENDIMENTO ATIVO – PÓS-VENDA E PRÉ-VENDA

Na maioria dos casos, a linha de frente (telefonistas, recepcionistas e vendedores) é quem conhece o cliente, e vice-versa, pois o cliente só conhece a empresa por meio dela.

A posição está correta, mas é possível melhorar ainda mais o relacionamento, usando o DAC como um novo ponto de contato "não vendedor".

O DAC é informado diariamente sobre a entrada de novos clientes, que devem receber as boas-vindas da empresa no prazo de aproximadamente dez dias. E esse prazo deve corresponder ao dobro do tempo transcorrido entre o fechamento do negócio e a recepção da mercadoria pelo cliente.

Pós-venda

Por ser o primeiro contato com o cliente, é muito importante que a funcionária do DAC se identifique claramente e esclareça que o telefonema objetiva saber se o pedido foi atendido corretamente, se a mercadoria estava dentro das especificações, se o equipamento foi bem instalado e funcionou como previsto, enfim, certificar-se de que o cliente ficou satisfeito.

Esse trabalho possibilita ao cliente reforçar psicologicamente o acerto de sua decisão de compra.

Quando adquire serviços, é muito comum o cliente esquecer que tem determinados direitos, ainda que tenham sido enfatizados pelo departamento de vendas na hora do contrato.

O DAC relembra-lhe seus direitos e "abre-lhe as portas" cordialmente. A gentileza do telefonema desinibe o cliente, a fim de que ele possa usar esses direitos.

Caso algum detalhe não esteja exatamente dentro das expectativas do cliente, cabe ao DAC esclarecê-lo ou tomar as providências para solucionar imediatamente o problema.

Afinal, foi o DAC quem ligou.

Pré-venda

Como já foi dito, o DAC não é vendedor; no entanto, sua função é importante como apoio ao departamento de vendas.

Aquele cliente que recebeu o telefonema mencionado no pós-venda permanece cadastrado e deve receber de uma a três ligações por ano, dependendo da linha de produtos.

O verdadeiro objetivo é fazer com que ele se lembre da empresa, colocando-se à sua disposição. Como motivo para o telefonema, pode-se dizer que é para certificar-se de que o produto adquirido anteriormente corrrespondeu aos seus anseios.

Essa é ainda uma ótima oportunidade para comunicar uma promoção sazonal ou alguma oferta especial.

CLIENTE INTERMEDIÁRIO

O cliente intermediário não adquire produtos ou serviços para uso próprio, mas sim para repassar a terceiros, que, na maioria dos casos, são os consumidores finais.

Estão nessa categoria os gerentes de frota, compradores de supermercados e lojas em geral, revendedores de produtos industriais, distribuidores de produtos de consumo, construtoras, empresas da área de *agribusiness* e mais uma infinidade de outras atividades.

O cuidado no relacionamento é exatamente o mesmo do dispensado ao consumidor final, mudando apenas o padrão das informações solicitadas.

O contato deve ser feito com o diretor comercial ou o gerente de suprimentos, pois ele é quem deve estar a par dos principais problemas que envolvem o atendimento. O importante é que seja o chefe da área, o grande responsável pelo setor que decide sobre a continuidade dos negócios, a pessoa cuja opinião é fundamental.

Ao contatar um cliente intermediário, o DAC deve ter o cuidado de não permitir o desvio do assunto para a área de comercialização (descontos, preços, promoções, etc.), pois não é essa a finalidade do contato. Isso deve ficar claro logo no início, enfatizando ao entrevistado qual o objetivo do telefonema.

Cabe ao DAC registrar tudo sobre a entrevista, inclusive as solicitações ligadas à comercialização, mas apenas como repasse de informações ao seu "número 1", tentando diferenciar as solicitações consistentes das que são qualificáveis como "choro normal".

Deve-se enfatizar que a verdadeira finalidade do contato é avaliar a eficiência mercadológica (adequação do produto, rapidez de atendimento, índice de reclamações ou rejeições, qualidade dos contatos pessoais, etc.).

CLIENTE CONSUMIDOR FINAL

O cliente consumidor final tem sido retratado ao longo de todo o livro. A referência a ele, agora, visa propor o objetivo de obter do cliente intermediário a relação de alguns usuários a ele ligados, para que sejam contatados com a finalidade de avaliação de eficiência.

Cuidado para não haver má interpretação, pois o cliente intermediário poderá supor que a intenção seja "roubar-lhe" o cliente, ou avaliar a eficiência mercadológica dele.

Uma das maneiras de se obter essa relação é a inclusão de folhetos, cartões-resposta, concursos, cupons de garantia, etc.

Nesses casos, um cadastro especial deve ser desenvolvido para permitir o acompanhamento da vida do cliente. As informações solicitadas são as já tratadas anteriormente.

LINHA DE REPORTE

A grande finalidade do DAC é a MÁXIMA EFICIÊNCIA MERCADOLÓGICA, verificar os pontos críticos e as inconsistências operacionais, tendo como meta principal manter a empresa dentro de seus mais elevados padrões filosóficos (auditoria de *marketing*).

Embora seja um objetivo a ser perseguido pela organização inteira, uma vez que o sucesso é coletivo, a verdade é que sempre vão existir pontos de vista conflitantes ou divergentes.

A ação e o acompanhamento do DAC devem ser imediatos para assuntos que precisem de solução urgente (função de *ombudsman*).

O DAC deve manter registro de todos os acontecimentos do período, emitindo relatório com frequência semanal, quinzenal ou mensal, dependendo da incidência dos problemas que possam surgir.

Não compete ao DAC "fazer política" ou apontar culpados, adotando a posição de dedo-duro da organização. Ele deve se preocupar em registrar as informações de modo imparcial, sem induzir a formação de opiniões.

Em conjunto com o "número 1" é decidido a quem devem ser remetidas cópias dos relatórios – sem mandar cópias para todos.

A complexidade da estrutura empresarial e a linha hierárquica é que devem influir no número de destinatários dos relatórios. A recomendação é que exista amplo conhecimento deles, *agilizando a correção dos desvios, pois este é o verdadeiro objetivo.*

É fundamental que gerentes e supervisores de linha, responsáveis pela execução física das tarefas, tenham acesso aos relatórios e poder de decisão para implementar imediatamente as correções de desvio que se fizerem necessárias, sem depender de reuniões ou autorizações especiais.

Decisões que impliquem mudanças conceituais devem ser objeto de trabalhos específicos.

Uma das preocupações que devem ser perseguidas é a de não transformar o DAC em um gerador de burocracia, com papéis transitando de um lado para o outro.

O DAC é totalmente FUNCIONAL. As providências devem ser tomadas objetivando apenas CORRIGIR PROBLEMAS, e, como tais, devem ser reportadas para o nível seguinte de chefia.

Como o DAC mantém registros individuais, caso volte a acontecer o mesmo problema com determinado cliente será fácil verificar por que o relatório anterior não redundou em sua correção.

AUDITORIA DE *MARKETING*

Como já se observou, as atividades de atendimento passivo e ativo permitem que se obtenha um *feedback* fiel da maneira pela qual a empresa está se comportando diante de seus clientes.

Podem ser avaliados todos os aspectos operacionais e de relacionamento com o público-alvo, representando uma verdadeira auditoria de *marketing*, capaz de corrigir qualquer atividade conflitante com os princípios estabelecidos pela empresa.

Essa auditoria deve ter finalidade corretiva, e não punitiva, o que só deve ocorrer em casos de descumprimento de instruções, ou quando se constata um procedimento incorreto.

SISTEMA DE AVALIAÇÃO

A eficiência do DAC está ligada ao volume de trabalho *versus* quantidade de pessoas e equipamentos disponíveis no departamento.

Em sua fase inicial, é conveniente manter uma estrutura pequena e atender apenas a uma área geográfica de vendas para desenvolver o aprendizado e fixar os critérios de avaliação e acompanhamento.

Usando o mesmo mapeamento de vendas, é mais fácil identificar a origem de determinados problemas, como relacionamento de funcionários, vendedores, atendentes, entregadores, etc., permitindo às áreas operacionais rápida ação corretiva.

A recomendação é avaliar a qualidade do trabalho e iniciar alterações pelo segmento de menor volume de vendas, pelos primeiros trinta a sessenta dias. À medida que adquire experiência, o DAC amplia sua área de trabalho, até cobrir a totalidade do atendimento.

O objetivo é definir a linha de argumentação, o conteúdo dos questionários e avaliar o impacto da estrutura necessária *versus* custo operacional, bem como alocação de pessoal, área física de trabalho, de equipamentos telefônicos e de informática.

Embora represente um pequeno investimento financeiro, desde o início o DAC deve avaliar seu potencial de contribuição para a lucratividade, certificando-se de que agrega valor.

A avaliação da gravidade dos problemas e reclamações tende a ser subjetiva em sua fase inicial. Portanto é conveniente estabelecer algum padrão, classificando-a como baixa, média e alta, de acordo com a experiência das pessoas.

A avaliação da eficiência do DAC é representada pela melhoria dos padrões de relacionamento, pela redução na perda de clientes e pela diminuição do volume de reclamações e problemas.

Finalmente, o "ideal olímpico" é

PROBLEMA ZERO = RECLAMAÇÃO ZERO.

Índice geral

Aguentar pressão 44
Algumas considerações sobre a geração Y 20
Apresentação 9
Assistência ao cliente 53
Atendimento ativo – pós-venda e pré-venda 90
Atendimento passivo – *ombudsman* 87
Auditoria de *marketing* 95
Cliente consumidor final 93
Cliente intermediário 92
Cliente/número *versus* cliente/nome 80
Clientes A, B, C e D 83
Complicadores e simplificadores 77
Comunicar-se bem 32
Concorrência 63
Conscientização 70
Criar relacionamento de confiança 48
Departamento de Assistência ao Cliente 81
Disposição para servir 28
Eliminação dos pontos críticos 76
Empatia (colocar-se no lugar do cliente) 33
Endomarketing 74
Entender a empresa 46

Evolução 64
Fidelização 49
Indefinição de objetivos mercadológicos 59
Linha de frente 13
Linha de reporte 93
Manter um alto nível de energia 42
Manter uma imagem profissional 31
"Mortalidade infantil" *versus* "mortalidade adulta" 86
Nota do editor 7
Objetivo 56
"Olhos de primeira vez" 62
Organizar o serviço 40
Personalização de serviços 67
Personalização do atendimento 79
Possuir traquejo técnico 39
Pós-venda 90
Praticar escuta ativa 32
Pré-venda 91
Primeiro contato (O) 25
Promover trabalho em equipe 46
Redução de prazos 78
Resolver problemas 36
Ser rápido de raciocínio 34
Sistema de avaliação 95
Treinamento interno 72

Impresso por :

Graphium
gráfica e editora

T 1 11 2769 9056